그림으로 보는 세계 문화유산

⦿사진 제공
CC BY-SA
46쪽–만리장성(Jiaqian AirplaneFan, https://commons.wikimedia.org/w/index.php?curid=56795560), 50~51쪽–페트라(Berthold Werner, https://commons.wikimedia.org/w/index.php?curid=8564102), 53쪽–알 데이르(Jorge Láscar, https://commons.wikimedia.org/w/index.php?curid=31947647), 59쪽–예수상(David Berkowitz, https://commons.wikimedia.org/w/index.php?curid=104697406), 64쪽–산마르코 대성당(Jorge Franganillo, https://commons.wikimedia.org/w/index.php?curid=94110493), 72쪽–스핑크스(Filip Maljković, https://commons.wikimedia.org/w/index.php?curid=39962575), 77쪽–앙코르 와트(Tuderna, https://commons.wikimedia.org/w/index.php?curid=57586386), 78쪽–바욘 사원 4면 불상(Olaf Tausch, https://commons.wikimedia.org/w/index.php?curid=38667399), 83쪽–트로이 유적(Jorge Láscar, https://commons.wikimedia.org/w/index.php?curid=31948463), 99쪽–메디나 염색(yeowatzup, https://commons.wikimedia.org/w/index.php?curid=24519397), 112~113쪽–베르사유 궁전(Cquest, https://commons.wikimedia.org/w/index.php?curid=16402331), 120쪽–알람브라 궁전(Curimedia, https://commons.wikimedia.org/w/index.php?curid=23485326), 122쪽–대사의 방(MAngeluX , https://commons.wikimedia.org/w/index.php?curid=111525564), 122쪽–사자의 뜰(Sean Adams, https://commons.wikimedia.org/w/index.php?curid=114657550), 128쪽–웨스트민스터 궁전(Natalia Semenova, https://commons.wikimedia.org/w/index.php?curid=54387658), 130쪽–웨스트민스터 사원(Herry Lawford, https://commons.wikimedia.org/w/index.php?curid=4368489), 132쪽–쾰른 대성당(MARELBU, https://commons.wikimedia.org/w/index.php?curid=52784315), 134쪽–피사의 사탑(tiger rus, https://commons.wikimedia.org/w/index.php?curid=57243458), 138쪽–콜로니아 구엘 성당(rob Stoeltje, https://commons.wikimedia.org/w/index.php?curid=83194624), 140쪽–사그라다 파밀리아 성당(Jorge Láscar, https://commons.wikimedia.org/w/index.php?curid=31952351), 152쪽–톱카피 궁전(By l0da_ralta, https://commons.wikimedia.org/w/index.php?curid=27942988), 154쪽–백제관음상(geishaboy500, https://commons.wikimedia.org/w/index.php?curid=2558418), 155쪽–호류사 금당(663highland, https://commons.wikimedia.org/w/index.php?curid=1299467), 159쪽–크렘린 궁전(xiquinhosilva, https://commons.wikimedia.org/w/index.php?curid=145156907), 168쪽–히틀러(UCFFool), 170쪽–아우슈비츠 수용소(pzk net, https://commons.wikimedia.org/w/index.php?curid=83041350)

그림으로 보는 세계 문화유산

초판 1쇄 발행 2025년 5월 20일

글 오홍선이 | **그림** 최현주

발행인 오형석
편집장 이미현 | **편집** 정은혜 | **디자인** 이희승
발행처 (주)계림북스
신고번호 제2012–000204호 | **등록일자** 2000년 5월 22일
주소 서울시 마포구 창전로 74 여촌빌딩 3층
대표전화 (02)7079–900 | **팩스** (02)7079–956
도서문의 (02)7079–913
홈페이지 www.kyelimbook.com

ISBN 978–89–533–3577–6 74900 | 978–89–533–3576–9(세트)

교과서 속
지리와 문화유산

그림으로 보는 세계 문화유산

글 오홍선이 | 그림 최현주

계림북스
kyelimbooks

들어가는 말

놀랍고 신비로운
세계 곳곳의 문화유산

전설로 전하는 고대 도시와 눈을 뗄 수 없는 화려한 궁전, 피라미드와 같은 거대한 무덤과 다양한 종교의 모습을 살필 수 있는 사원과 성당까지 세계에는 정말 많은 세계 유산이 있어요. 유네스코에서 지정하는 세계 유산은 지구촌 사람들에게 보존할 가치가 있다고 인정받은 것들이지요. 엄격한 심사를 거쳐 세계 유산으로 지정되면 더 이상 훼손되지 않고, 보전할 수 있도록 유네스코에서 도와줘요. 그래서 각 나라들은 문화유산을 보존하고 세계인들에게 알리기 위해 세계 유산에 선정되도록 많은 노력을 한답니다.

우리가 흔히 말하는 세계 7대 불가사의에도 세계 문화유산은 빠지지 않아요. 현대 과학 기술로도 만들기 힘든 놀랍고 신비로운 것들이거든요. 잊혀지거나 숨겨져 있던 유적들이 어떻게 발견되었는지, 어떤 역사를 가지고 있고 지금은 어떤 모습인지 〈그림으로 보는 세계 문화유산〉으로 알아보아요. 책으로 떠나는 세계여행을 지금 시작해 보아요!

오홍선이

차례

인류의 등장과 문명의 탄생

불가사의라 불리는 세계 문화유산

신비로움이 감도는 고대 도시

화려한 궁전과 놀라운 건축물

다양한 교류와 역사의 상처

인류의 문명은 큰 강을 중심으로 등장했어요. 티그리스강과 유프라테스강 유역에서 발달한 메소포타미아 문명을 시작으로 황허, 인더스, 이집트 문명을 세계 4대 문명이라고 해요. 사람들은 날씨와 맹수로부터 위험을 피하기 위해 강 근처의 동굴에서 생활했고, 그러다가 집을 짓고 모여 살면서 마을과 도시가 생기고 나라가 등장했어요.

아주 오래전 인류가 남긴 문화유산을 통해 당시의 모습을 그려 보아요.

인류의 등장과
문명의 탄생

인류 최초의 그림 알타미라 동굴 벽화

인류가 남긴 가장 오래된 그림이에요

지구에 인류가 처음 등장한 곳은 아프리카였어요. 첫 인류는 팔이 긴 털북숭이 모습으로 꼭 원숭이를 닮았어요. 두 발로 걷고 간단한 도구를 사용했어요. 그러다가 점점 진화해서 불이나 언어도 사용하게 되었지요. 이때의 인류를 '생각하는 사람'이라는 뜻의 '호모 사피엔스'라고 불러요. 구석기 시대에 호모 사피엔스는 돌을 깨어 만든 뗀석기를 이용해 사냥을 하거나 열매를 따 먹으면서 동굴에서 살았어요. 동굴 벽에는 열매나 흙으로 그림을 그리거나 뾰족한 도구로 모양을 새겼고요.

인류가 그린 가장 오래된 벽화는 에스파냐 북부에 있는 알타미라의 동굴 벽화예요. 알타미라 동굴은 길이가 296미터 정도인데, 구불구불 이어진 동굴의 천장과 벽에 수많은 그림이 남아 있어요. 수만 년이 지났지만 여전히 색감이 생생하고, 동물의 털도 세밀하게 묘사되어 있지요. 그중에서 가장 유명한 그림은 '상처 입은 들소'예요. 들소가 몸을 웅크리고 있는 모습인데 볼록 튀어나온 돌에 그려져 입체감이 살아 있답니다.

생생한 동물들의 모습을 볼 수 있어요

에스파냐의 변호사 사우투올라는 1879년 어린 딸과 함께 칸타브리아로 동굴 탐험을 떠났어요. 사우투올라는 고고학에 관심이 많았거든요.

그런데 동굴 안쪽으로 들어간 딸이 크게 소리쳤어요.

"위를 보세요! 누가 벽에 그림을 그려 놓았어요."

사우투올라는 고고학회에서 동굴 벽화를 발견했다고 발표했지만 그림이 너무 선명해서 사람들은 그린 지 얼마 되지 않을 거라고 여겼어요. 하지만 조사해 보니 그것은 인류가 최초로 그린 동굴 벽화였지요. 알타미라는 '위를 보라'라는 뜻이에요.

벽화가 발견된 동굴은 길이가 296미터나 되고 입구 쪽에 벽화가 있어요. 들소, 노루, 말, 멧돼지 등이 울퉁불퉁한 바위에 그려져 있지요. 피카소는 알타미라의 동굴 벽화를 실제로 보고 감탄했다고 해요.

"2만 년이 지났는데도 이토록 훌륭하다니!"

알타미라의 동굴 벽화는 구석기 시대 사람들의 모습을 살필 수 있어서 '구석기 시대의 박물관'이라고 불려요. 하지만 관광객들이 너무 많아지자 훼손을 막기 위해 복제 동굴을 만들어 관람하도록 하고 있지요.

성스러운 신들의 도시 바빌론

메소포타미아 문명이 번성했어요

티그리스강과 유프라테스강 사이는 땅이 기름져서 사람들이 모여 살았어요. 그렇게 메소포타미아 문명이 등장해요. 지금의 이라크와 이란, 시리아, 튀르키예에 걸쳐 있지요. 메소포타미아 지역에서는 문자와 달력, 숫자, 화폐 등 편리한 것들이 생겨났어요. 특히 진흙판에 갈대로 새긴 문자는 끝이 뾰족한 쐐기를 닮아 '쐐기 문자' 또는 '설형 문자'라고 불러요.
사람들이 편리하게 물건을 옮길 수 있는 수레와 바람을 이용해서 나아가는 돛단배도 이 지역에서 만들어졌어요. 수학, 천문학, 의학 등의 기초적인 토대도 발전시켰지요.

쐐기 문자

바빌론은 메소포타미아 지역에 등장한 도시 국가예요. 바빌론 사람들은 도구나 무기, 장식품 등을 만들면서 점점 부유해졌어요. 기술이 더욱 발달하면서 나라도 커졌답니다. 바빌론은 주변 지역을 정복하면서 바빌로니아로 성장했어요. 바빌로니아의 여섯 번째 왕 함무라비는 메소포타미아 지역을 통일하며 강한 지도자의 모습을 보여 주었어요. 특히 282조의 법을 정해 원기둥 모양의 돌에 새겼는데 세계에서 가장 오래된 성문법★으로, '함무라비 법전'이라고 부르지요.

★**성문법** 문자로 적거나 형식을 따라 문서로 만든 법이에요.

함무라비 법전

미스터리한 공중 정원과 바벨탑

바빌론은 도시 주변으로 높은 성벽을 쌓았어요. 중요한 건물이나 문에는 여러 가지 색을 칠하고 사자나 황소 무늬를 장식했답니다. 그리고 바빌론 한가운데 높은 건물에는 아름다운 정원이 있었어요.

'공중 정원'이라고도 불리는 이 정원은 네부카드네자르 2세가 왕비를 위해 만들었다고 해요. 계단식으로 만든 건물 곳곳에 꽃과 풀이 가득하지요. 하지만 어떻게 높은 건물 꼭대기까지 물을 끌어 올려 정원을 가꾸었는지는 미스터리로 남아 있어요.

바빌론에는 약 90미터 높이의 바벨탑이 있었다고 해요. 〈성경〉에서는 바빌론에 살던 사람들이 대홍수 이후 하늘에 닿는 탑을 쌓기 시작했다고 해요. 이에 오만하다고 분노한 신이 사람들에게 방언을 쓰게 하자, 말이 통하지 않아 공사를 마치지 못했다는 이야기가 전해요.

오늘날 바빌론의 유적은 대부분 무너져서 옛 모습을 찾을 수 없어요. 게다가 이라크의 사담 후세인 대통령이 왕궁터에 별장을 만들었고, 이라크 전쟁 때는 군사 기지로 사용되어 유적들이 많이 훼손되었어요.

고대 그리스 아테네의 중심지 아크로폴리스

완벽한 아름다움을 자랑하는 파르테논 신전

그리스는 바다와 접해 있으면서 산이 많은 나라예요. 그리스의 아테네에는 높은 언덕에 아크로폴리스가 있어요. 아크로는 '높은 곳'이라는 뜻이고, 폴리스는 고대 그리스에서 도시 국가를 일컫는 말이지요.

아크로폴리스는 높이 150미터의 언덕에 세워져 있어서 적을 감시하거나 방어하기 유리했어요. 아크로폴리스의 정문을 지나면 파르테논 신전, 에레크테이온 신전, 니케 신전 등 여러 신전이 세워져 있어요.

에레크테이온 신전은 건물을 받치는 여섯 개의 기둥을 여인의 모습으로 조각한 것이 특징이에요.

아크로폴리스에서 가장 유명한 파르테논 신전의 건설은 아테네의 정치가 페리클레스가 추진하고 진행했어요. 페르시아 전쟁에서 이긴 것을 기념하고 아테나 여신에게 감사하기 위해서였지요.

신전은 가로 약 31미터, 세로 약 70미터의 규모에 높이 약 10미터인 46개의 기둥이 서 있어요. 가까이에서 보면 기둥 가운데가 살짝 불룩해요. '배흘림기둥'이라고도 하는데, 멀리서 보면 안정감이 느껴지도록 하는 건축 기법이지요. 파르테논 신전은 오랜 역사를 지니고 있으며 웅장하고 아름다워서 유네스코를 상징하는 로고가 되었답니다.

전쟁의 여신 아테나가 아테네를 차지했어요

그리스 신화에는 아테나가 아테네의 수호신이 된 이야기가 나와요. 신들의 왕인 제우스의 딸 아테나는 바다의 신 포세이돈과 아테네를 서로 차지하려고 다투었어요. 그러자 다른 신들이 나섰어요.

"시민들이 원하는 선물을 준 신에게 도시를 줍시다!"

그러자 포세이돈은 시민들에게 소금물이 솟는 샘과 말을 주었고, 아테나는 올리브 나무를 주었어요. 시민들이 올리브를 선택하면서 도시는 아테나에게 돌아갔답니다.

아크로폴리스는 아테네 중심에 우뚝 서 있기 때문에 아테네가 한눈에 내려다보여요. 절벽 아래에는 술의 신 디오니소스에게 바치는 디오니소스 극장이 있어요. 약 17,000명이 들어갈 수 있는 곳으로, 무대가 낮고 관중석은 계단식으로 높아지는 형태예요. 시민들은 이 극장에서 토론을 하거나 연극 공연을 보았지요. 아크로폴리스 주변으로는 아고라가 있었어요. 시민들이 생활하는 곳으로 광장 혹은 회의 장소를 의미해요.

나스카와 후마나 평원의 선과 그림

사막에 그려진 거대한 그림의 미스터리

페루의 수도 리마에서 남쪽으로 400킬로미터 떨어진 나스카와 후마나 평원에는 도저히 사람이 만들었다고 상상할 수 없는 거대한 그림이 있어요. 나스카는 이카강과 나스카강을 중심으로 문명이 발생한 곳이에요. 나스카 사람들은 토기를 만들 때 다양한 종류의 색을 사용하고, 물고기나 새 등을 정교하게 새기는 기술이 뛰어났어요. 그리고 알파카의 털을 이용해 다양한 천을 만드는 기술이 있었대요.

1930년대 항공기 조종사들이 안데스산맥의 기슭에서 여러 형태의 그림을 발견했어요. 모래와 자갈로 이루어진 사막에 새, 원숭이, 거미, 나무, 꽃 등과 인간의 모습을 표현한 그림이 있었거든요. 사막의 검은 돌을 옆으로 치워 아래의 밝은색 땅이 드러나면서 그림의 선이 된 것이지요.

정교한 거미 그림은 길이만 약 46미터이고, 새 그림은 285미터에 이르렀어요. 사람의 모습은 머리에 헬멧을 쓴 우주인 같은 모습이라서 더욱 미스터리했답니다. 나스카와 후마나 그림은 워낙 커서 하늘에서 비행기를 타고 보아야 형태를 알 수 있어요.

스톤헨지와 에이브베리 거석 유적

평원에 세워진 거대한 돌

영국의 남쪽 솔즈베리 평원에는 한가운데에 거대한 돌들이 우뚝 서 있어요. 높이는 파묻힌 부분까지 하면 8미터가 넘고, 무게는 40톤이 넘지요. 이 돌들은 스톤헨지라고 부르는데 '공중에 걸쳐 있는 돌'이라는 뜻이에요. 고인돌처럼 길쭉한 선돌을 세우고 위에 덮개돌을 올린 모양이거든요. 스톤헨지가 무엇을 뜻하는지는 여전히 밝혀지지 않았어요. 다만 입구의 돌이 하지★ 때 해가 뜨는 쪽에 세워져 있어서 태양의 움직임을 살피던 곳이라고 추정해요.

★하지 24절기 중 북반구에서 낮이 가장 길고 밤이 가장 짧은 날을 가리켜요.

스톤헨지 유적지에서 북쪽으로 약 30킬로미터 떨어진 에이브베리에는 더 오래된 거석 유적이 있어요. 거석은 커다란 돌이라는 뜻이에요.
에이브베리에는 스톤헨지보다 훨씬 넓은 지역에 원 모양으로 길쭉한 돌이 땅에 박힌 듯이 서 있어요.
넓이 21미터의 깊은 도랑이 큰 원을 만들고, 가운데에 두 개의 작은 원이 있는 형태예요. 이렇게 큰 돌을 둥근 원 형태로 세워 놓은 것을 '환상 열석'이라고 불러요. 선사 시대의 거석 유적은 전 세계에서 볼 수 있어요.
우리나라에 많이 분포하고 있는 고인돌도 거석 유적이지요.

세계 유산 배움터

바다를 등지고 있는 거대한 모아이 석상

동서로 길쭉한 나라인 칠레에서 서쪽으로 약 3,500킬로미터 떨어진 곳에 이스터섬이 있어요. 제주도 크기의 10분의 1 정도로 작은 섬이지요. 삼각형 모양으로 생긴 섬의 해안가에는 사람 모양의 거대한 돌이 서 있어요. 모아이 석상이라고 부르는데, 무려 900개가 넘어요. 모아이는 원주민 말로 '조각상'이라는 뜻이에요. 길쭉한 얼굴에 귀와 코가 크고 모자를 쓰고 있는 것도 있지요. 밖으로 나와 있는 부분은 3~20미터 정도인데, 땅속에 박힌 몸통 아래쪽까지 더하면 실제 크기는 훨씬 크지요. 가장 무거운 모아이 석상은 80톤이 넘는대요.

이스터섬의 모아이 석상은 1722년 네덜란드의 탐험가가 발견했어요. 원주민들은 이 섬을 커다란 땅을 뜻하는 '라파누이'라고 불렀는데, 섬이 발견된 날이 부활절이라 서양에서는 '이스터섬'이라고 부르지요.

모아이 석상은 대부분 바다를 등지고 섬 안쪽을 바라보고 있는데 어떤 의미인지는 알 수 없어요. 섬 가운데에 있는 화산암을 옮겨서 석상을 만든 것으로 추정해요. 하지만 너무 크고 무거워서 어떻게 옮기고 세웠는지는 밝혀지지 않아 외계인이 세웠다고 주장하는 사람들도 있어요.

세계 유산 놀이터

페루의 나스카와 후마나 평원에는 도저히 사람이
만들었다고 상상할 수 없는 거대한 그림이 있어요.
나스카인이 되어 후대에 남기고 싶은 그림을 그려 보아요.

2007년, 세계 7대 불가사의가 사람들의 투표로 정해졌어요. 물론 유네스코와 같은 공식적인 기관에서 정한 것은 아니에요. 그래서 불가사의 목록은 조사를 하는 단체나 발표한 사람, 시기에 따라 조금씩 달라져요.

7대 불가사의로 꼽힌 세계 문화유산들은 사람이 만든 것이라고는 믿어지지 않는 신기하고 놀라운 건축물이랍니다. 세계 7대 불가사의에는 어떤 것들이 있는지 알아볼까요?

불가사의라 불리는 세계 문화유산

공중에 떠 있는 수수께끼 도시 마추픽추

잉카 제국의 신비로운 도시

"아주 높은 산꼭대기에 도시가 있다고 했는데……."

마추픽추는 안개가 자주 끼고 구름이 많아서 아래에서는 도시가 보이지 않아요. 마추픽추는 1911년 미국의 역사학자가 잉카 제국의 최후의 수도였던 빌카밤바를 조사하던 중 찾아냈어요.

남아메리카의 페루와 칠레 지역에서는 잉카 문명이 등장했어요. 잉카 제국은 안데스산맥의 쿠스코에 왕국을 세우고 주변 나라를 정복하면서 힘을 키워 갔지요. 그런데 총칼로 무장한 에스파냐의 공격을 받자 사람들이 쉽게 오를 수 없는 깊은 산비탈에 도시를 만들었어요.

마추픽추는 '늙은 봉우리'라는 뜻으로 높이 약 2,400미터에 있는 공중 도시예요. 마추픽추에는 궁전과 신전, 밭이 있었는데 사람들은 산을 계단처럼 깎아 감자와 옥수수를 키웠어요. 그리고 마추픽추 주위는 성벽으로 둘러싸여 있어요. 그래서 산꼭대기까지 어떻게 큰 돌을 올렸는지 수수께끼로 남아 있지요.

이렇게 높은 곳에 어떻게 도시를 만들었을까?
여기는 한라산보다 높아.

신의 도움을 받아 공중 도시를 세웠다고?

잉카 최고의 신은 비라코차 신이에요. 잉카 사람들은 비라코차 신이 세상을 만들었다고 믿었는데 태양신, 번개의 신이라고도 불렀어요. 비라코차 신은 티티카카 호수에서 홍수가 나자 잉카 제국 사람들을 보호해 주었다고 해요. 그리고 의학과 농업, 건축 기술을 가르쳐 주었으나 인간에게 실망하고 바다를 건너가 버렸대요. 마추픽추는 비라코차 신이 무거운 돌의 무게를 가볍게 해 주어 쌓을 수 있었다는 이야기가 전해요.

잉카 사람들은 태양을 숭배해서 태양이 가장 멀어지는 동지를 두려워했어요. 그래서 '인티와타나'라 불리는 돌기둥에 제물을 바치고 태양이 도망가지 못하도록 의식을 치렀어요. 인티와타나는 마추픽추에서 가장 높은 정상에 있는 기둥이에요. 인티는 '태양', 와타나는 '기둥'을 말해요. 즉 '태양을 묶어 놓은 기둥'을 말하지요. 높이는 1.8미터 정도예요. 잉카 사람들은 동지에 이곳에서 제물을 바치고 제사를 지냈어요.

잉카 사람들의 정교하고 뛰어난 건축 기술

잉카 제국은 문명 수준이 높았어요. 미라를 만들 정도의 기술과 머리 수술을 할 수 있는 의학 기술이 있었대요. 또한 건축 기술도 뛰어나 바위산을 다듬어 만든 건축물과 수로는 틈새에 칼날이 들어가지 않을 정도로 정교했어요. 중앙의 수로를 중심으로 남쪽은 계단식 논으로 이루어져 있어서 옥수수나 감자, 코카 잎을 재배했어요. 북쪽은 광장과 신전, 사람들이 사는 주거 지역이었지요.

마추픽추에는 궁전과 신전뿐 아니라 일반인들이 살던 건축물도 그대로 남아 있어요. 지하의 물을 퍼 올리는 양수장과 물을 흘려 보낸 수로도 있지요. 높은 지대에 부는 찬 바람을 이용한 자연 냉장고도 있답니다. 자연 냉장고에서는 감자를 썩지 않게 몇 년이나 보관할 수 있었대요.

마추픽추는 비탈진 산에 세워진 도시라서 도로를 만들기 어려웠어요. 빠르게 달릴 수 있는 말이 있었던 것도 아니라 '차스키'라고 부르는 파발꾼의 역할이 중요했어요. 좋은 암기력과 체력을 지닌 차스키가 다른 도시로 소식을 전하고 가벼운 물건을 배송했지요.

마야 문명이 숨 쉬는 치첸이트사

수준 높은 기술을 가진 마야족

멕시코의 유카탄반도에 있는 치첸이트사는 마야 문명의 자취를 느낄 수 있는 곳이에요. 치첸이트사는 마야 문명의 도시 중에서 가장 번성한 곳으로 사람들이 많이 살았고, 주변 나라들과 교류도 많았어요. 마야 문명은 중앙아메리카의 과테말라에서 유카탄반도에 걸쳐 번성한 마야족이 이룬 문명이에요. 마야족은 천문, 역법, 상형 문자, 건축, 예술 등에서 수준 높은 기술을 가지고 있었어요. 3800여 년 동안 이어진 마야 문명은 에스파냐의 공격과 전염병 등으로 멸망하고 말았지요.

석회암 지역인 유카탄반도는 침식 작용★으로 우물이 생기기도 하는데, 치첸이트사에도 성스러운 우물이 있어요. 그래서 치첸이트사라는 이름도 '이트사족의 우물 입구'라는 뜻이지요. 우물은 지름이 60미터 정도로 큰 편이에요. 마야 사람들은 우물에 보석이나 도자기, 조개껍데기 등의 제물을 바치며 제사를 올리기도 했어요.

★**침식 작용** 비나 바람, 강물에 의해 땅이 깎이는 걸 말해요.

치첸이트사의 신기한 유적

치첸이트사에서 대표적인 유적은 엘 카스티요예요. 쿠쿨칸을 모시는 신전으로, 형태가 피라미드와 닮아서 '쿠쿨칸 피라미드'라고도 해요. 쿠쿨칸은 깃털이 달린 뱀의 모습을 하고 있는데, 하늘에서 내려왔으며 사람을 잡아먹는다고 여겼어요.

엘 카스티요는 한 면에 91개의 계단이 있어요. 4면의 계단을 더하면 364개인데, 정상의 1개를 더하면 1년 일수와 같은 365개가 돼요.

정면에 서서 손뼉을 치면 새의 울음소리가 들린다고 해요.

엘 카스티요

치첸이트사의 엘 카스티요 뒤에는 공으로 경기를 하는 구기 경기장이 있어요. 경기장 벽에는 목이 잘린 선수의 모습이 새겨져 있는데, 패자의 목을 자른 것이라고도 하고 승자가 신에게 목숨을 바친 거라고도 해요. 그래서 경기장에서는 목숨을 건 경기를 벌였을 거라고 추측한답니다. 벽이 온통 해골로 장식된 촘판틀리는 제물의 머리를 얹어 놓은 해골 제단이에요. 아스테카 왕국에서도 비슷한 문화가 있어서 마야 문명이 아스테카 왕국과 교류했다는 걸 보여 주지요.

촘판틀리

세계에서 가장 긴 성벽 만리장성

2천 년 동안 성벽을 쌓았어요

중국은 오랫동안 여러 나라로 나뉘어 있었는데 최초로 중국을 통일한 황제가 진시황이에요. 진시황은 넓은 중국을 다스리기 위해 문자, 화폐, 도량형★을 통일했어요. 그리고 세계에서 가장 긴 성벽을 쌓도록 했지요.

만리장성은 중국의 동쪽에서 서쪽으로 뻗어 있는 성벽이에요. 북쪽의 유목 민족이 중국으로 쳐들어오는 걸 막기 위해 세운 거예요. 만리장성은 완공되는 데 무려 2천 년이나 걸렸어요.

★**도량형** 길이, 부피, 무게 등의 단위를 재는 방법이에요.

'만 리'는 약 4,000킬로미터에 해당해요. 하지만 사람이 쌓은 만리장성의 실제 길이는 6,200킬로미터가 넘는다고 해요. 성벽의 높이는 평균적으로 6~9미터 정도이고, 폭은 4~9미터 정도였어요. 100미터마다 망루를 두어 적을 감시할 수 있도록 했지요.

만리장성의 서쪽 끝은 고비 사막 한가운데로, 옛날 비단길이 지나는 곳이었어요. 비단길은 서아시아와 중국, 지중해 지역을 잇는 길로 중국의 비단을 싣고 가서 팔았기 때문에 '비단길'이라는 이름이 붙었어요.

웅장한 만리장성에 전하는 슬픈 이야기

만리장성은 흙으로 쌓아 성벽이 대부분 무너져 명나라 때 지금 모습처럼 고쳐 쌓았어요. 만리장성에서 가장 많은 관광객이 찾는 곳은 팔달령 구간이에요. 산등성이를 따라 구불구불 쌓았는데 수도를 지키는 중요한 곳인 만큼 폭이 넓어요. 말이 달리거나 많은 군사가 지나갈 수 있도록 말이에요.

그런데 세상에서 가장 긴 성벽을 쌓는 동안 수많은 사람이 목숨을 잃었어요. 하지만 장례를 치를 곳이 없어 그 자리에 시신을 묻었어요. 그래서 만리장성은 '세상에서 제일 긴 무덤'으로도 불려요.

만리장성의 동쪽 관문인 산하이관에는 맹강녀 전설이 전해져요. 맹강녀는 범기량이라는 사내와 혼인했는데, 범기량이 만리장성 공사에 끌려가게 되었어요. 맹강녀는 남편이 걱정되어 만리장성을 쌓는 곳으로 갔는데 남편이 죽어 이미 성 어딘가에 묻혔다는 날벼락 같은 소식을 들었어요.

"제 남편 좀 찾아 주시오. 여보, 대체 어디로 갔단 말이오. 흑흑."

맹강녀가 대성통곡을 하자 성이 무너지면서 남편의 시신을 찾을 수 있었어요.
하지만 그녀는 슬픔을 이기지 못하고 바다에 뛰어들어 목숨을 끊었다고 해요.

세계 유산 배움터

세상에서 가장 큰 무덤 진시황릉

진시황릉은 진시황의 무덤이에요. 1974년 중국 시안의 시골 마을에서 가뭄에 농부들이 우물을 파다가 발견했지요. 진시황은 즉위하자마자 세상에서 가장 큰 무덤을 만들기 시작했어요. 자신이 죽은 뒤에도 황제 때의 모습 그대로 있기를 바라는 마음으로 지은 것이지요. 무덤을 만들기 위해서 70만여 명이 동원되었으며 완공까지 38년이 걸렸어요.

진시황릉에는 여러 개의 방이 있는데 병사 인형이 줄지어 있는 병마용갱이 유명해요. 진시황릉에서 약 1.5킬로미터 떨어져 있는 병마용갱은 '병사와 말 모형의 동굴'이라는 뜻이에요. 병마용갱에 있는 병사들은 실제 사람보다 조금 크지만 아주 자세하고 생생하게 만들어져 있어서 살아 움직일 것만 같아요. 중국의 역사서 〈사기〉에는 진시황이 바다와 강이 있는 지하 궁전을 지었다는 기록이 있어요. 중국 조사팀은 탐사를 통해 지하 궁전을 확인했지만 아직 발굴은 하지 못하고 있답니다.

걸음아
날 살려라!

바위를 깎아 만든 고대 도시 페트라

바위만 가득한 곳에 도시가 생겼어요

이스라엘과 사우디아라비아 사이에 있는 요르단에는 바위를 깎아 만든 도시가 있어요. 수도 암만에서 한참 떨어진 사막 한가운데에 있지요.

페트라는 '바위'라는 뜻으로, 유목 생활을 하던 나바테아 사람들이 모여 살면서 도시로 발전했어요. 하지만 페트라는 지진과 로마 제국의 공격을 받으면서 점점 쇠퇴해 갔지요. 사람들이 하나둘 떠나고 폐허가 된 도시는 기억에서 점점 잊혔어요.

1812년, 스위스의 탐험가가 고대 도시 페트라를 발견했어요. 그의 여행기를 통해 고대의 비밀을 간직한 도시가 세상에 드러났지요. 하지만 현재 발굴된 것은 전체의 10분의 1 정도에 불과해요.

페트라로 들어가는 입구는 높이 160~180미터 되는 거대한 수직 절벽으로 이루어져 있어요. 시크 협곡은 폭이 3미터도 되지 않는 좁은 길인데, 다른 세계로 들어가는 듯한 느낌이 들어요. 입구에서 1킬로미터 넘게 들어가면 도시가 나오지요.

위에서부터 깎아 만드는 놀라운 건축 기술

협곡을 빠져나오면 페트라의 대표적인 건물 알 카즈네가 나와요. 약 12층 높이의 거친 바위를 정교하게 깎은 모습이 놀라워요.

알 카즈네는 '파라오의 보물 창고'라는 뜻인데, 조각상 뒤에 파라오의 보물이 있을 거라고 여겨서 붙여진 이름이에요. 건물은 신전 형태인데, 안에는 커다란 방만 있어서 왕의 무덤으로 추정해요.

알 카즈네에서 조금 떨어진 곳에는 800개의 계단 끝에 수도원 알 데이르가 있어요. 직선과 곡선을 이용하여 정교하게 조각한 아름다운 건물이지요.

페트라의 건축물은 모두 부드러운 사암★을 위에서부터 깎아서 만든 거예요.

★**사암** 모래가 뭉쳐서 단단히 굳어진 암석이에요.

페트라는 높이 950미터의 산속인 데다가 사막이라 물을 구하기 힘들었어요. 그래서 빗물을 모으는 댐과 같은 시설이 있었지요. 또한 바위를 깎아 수로를 만들어서 물이 흐르도록 했어요. 몇 개의 웅덩이를 거치면서 깨끗해진 물을 수로나 파이프로 도시 곳곳에 보냈지요. 페트라에는 물을 저장하는 곳이 200개가 넘으며 공중목욕탕도 있었어요. 또한 8,000여 명이 들어갈 정도로 큰 야외 원형 극장과 시장도 있었답니다.

완벽한 비례를 보여 주는 타지마할

황비에게 바치는 건물

인도 북쪽의 아그라는 무굴 제국의 수도였어요. 무굴 제국의 제5대 황제 샤자한은 행복한 결혼 생활을 보내고 있었지요. 그러던 어느 날 황비가 아이를 낳은 지 얼마 되지 않아 죽고 말았어요.

"사랑하는 아내를 위해 가장 아름다운 무덤을 만들어 주겠어."

샤자한은 이탈리아와 프랑스 등지에서 건축가와 기술자를 데려와 무덤을 만들게 했어요. 무려 22년이나 걸려 타지마할이 완성되었지요. 뭄타즈 마할을 위해 지은 건물이라 '마할의 왕관'이라는 뜻의 타지마할이라고 불렀어요.

타지마할의 붉은색 사암과 대리석으로 화려하게 꾸민 정문으로 들어가면 연못이 나와요. 하얀 대리석이 비치는 연못은 눈이 부실 정도로 반짝이지요. 타지마할은 세 개의 둥근 돔 지붕 건물과 건물 주변 네 모서리에 높이 약 40미터의 탑이 있어요. 건물은 앞뒤 좌우 대칭이 완벽하게 설계되었어요. 가장 큰 돔 아래에는 황제와 황비의 관이 있어요. 하지만 이 관은 가짜 관으로 진짜 관은 지하실에 있어요. 황비의 관은 진주와 사파이어 등의 보석으로 장식되어 있답니다.

이슬람 건축을 대표하는 타지마할

타지마할은 햇빛이 비치는 각도에 따라서 다른 색을 띠어요. 그러다 보니 아침과 해 질 녘의 색이 다르고 보름달 아래의 색도 달라 분위기가 무척 신비로워요. 외벽에는 다양한 식물 모양이 섬세하게 조각되어 있답니다. 타지마할의 기둥은 바깥쪽으로 5도 정도 기울어져 있는데, 덕분에 멀리서 정면을 보았을 때 오히려 반듯하게 보인다고 해요. 지진이 났을 때 기둥이 바깥쪽으로 쓰러지게 하기 위해서라는 주장도 있어요.

샤자한은 타지마할과 조금 떨어진 곳에 자신의 무덤을 타지마할과 똑같은 모양으로 지으려고 했어요. 하지만 타지마할을 짓는 데 엄청난 돈이 드는 것을 보고 샤자한의 아들은 아버지를 아그라 성에 가두었어요.

샤자한은 황제의 자리에서 쫓겨나 아그라 성에서 멀리 떨어진 타지마할을 보며 8년이나 지냈어요. 그리고 죽은 뒤에야 사랑하는 아내와 함께 타지마할에 묻힐 수 있었지요.

리우데자네이루를 내려다보는 거대한 예수상

산꼭대기에 예수상이 서 있다고요?

리우데자네이루는 브라질의 동남쪽에 있는 항구 도시예요. 이탈리아의 나폴리, 오스트레일리아의 시드니와 함께 세계에서 가장 아름다운 항구로 손꼽히는 곳이지요. 리우데자네이루는 '1월의 강'이라는 뜻이에요. 포르투갈의 탐험대가 이 강을 1월에 발견했거든요. 1565년에 포르투갈 사람들이 들어와서 도시를 만들었으며 1822년 독립 이후 1960년까지 브라질의 수도였어요.

리우데자네이루는 코르코바도산과 슈거로프산의 능선이 바다로 이어진 아름다운 경관이 세계 문화유산으로 등재되었어요. 또한 리우데자네이루의 코르코바도산 꼭대기에 있는 예수상은 세계 7대 불가사의로 선정되었어요. 예수상은 브라질 독립 100주년을 기념하며 세워졌어요. 1922년에 건설이 시작되어 완공된 것은 1931년이었지요. 높이는 기단까지 포함해 약 38미터이고 무게는 1,000톤이 넘어요. 예수 그리스도가 양쪽으로 팔을 벌리고 있는 이 조각상은 각 부분을 조각한 다음 올려 쌓는 형태로 만들었답니다.

제국의 영광을 되살리는 로마 역사 지구

팔라티노 언덕에 세워진 도시예요

로마 제국의 전설에 따르면 로물루스와 레무스 쌍둥이는 팔라티노 언덕에서 늑대의 품에서 자랐다고 해요. 로물루스가 동생 레무스를 누르고 나라를 세웠는데 바로 로마였답니다. 테베레강 주변의 일곱 언덕 중 팔라티노 언덕을 중심으로 세워진 로마는 거대한 제국을 이루었어요. 그곳에는 로마의 공공 기관과 원형 경기장인 콜로세움 등 고대의 유적들이 가득해요.

판테온 신전

로마 사람들이 믿었던 여러 신을 모신 판테온 신전은 16개의 기둥이 세워져 있고 기둥 위는 삼각형 모양이에요. 하지만 뒤쪽은 천장이 돔으로 이루어져 있답니다. 그 이유는 지은 시기가 다르기 때문이에요.

판테온 신전은 천장 한가운데에 구멍이 뚫려 있어서 구멍으로 들어오는 햇빛의 양에 따라 실내의 분위기가 달라져요. 판테온 신전에는 이탈리아의 왕과 라파엘로 같은 예술가들이 잠들어 있답니다.

로마를 상징하는 콜로세움

로마의 상징이라고 할 수 있는 콜로세움은 72년에 베스파시아누스 황제가 짓기 시작했어요. 높이는 약 48미터로 12층 건물 정도예요. 한번에 5만여 명이 들어갈 수 있었답니다. 콜로세움의 관객석은 4층 계단식으로 이루어져 있는데, 황제는 1층의 특별석에 앉아서 경기를 보았어요.

콜로세움에서는 검투사들의 경기가 벌어졌어요. 검투사는 칼을 들고 싸우는 사람으로 주로 포로나 노예, 범죄자들이었어요. 검투사들은 맹수를 상대로 싸워야 했는데, 경기는 한쪽이 죽을 때까지 진행되었어요.

고대 로마의 초대 황제 아우구스투스는 로마를 평화롭게 통치한 황제로 손꼽혀요. 이때 로마는 경제적으로도 크게 발전하고, 인구도 늘어나 탄탄한 국가로 자리 잡게 되었답니다.

또한 훌륭한 작가들이 많이 등장하여 학문과 예술의 황금시대를 맞았어요. 로마의 정치, 경제, 종교의 중심지인 포로 로마노에는 신전뿐만 아니라 원로원 광장, 개선문 등 중요한 시설들이 모여 있어요.

곤돌라로 오가는 물 위의 도시 베네치아

이탈리아의 포강과 아드리아해가 만나는 곳에는 모래와 흙이 쌓여 만들어진 석호가 있었어요. 5세기경 로마를 침공한 적을 피해 사람들은 이곳에 모여 살았어요. 그것이 베네치아의 시작이었지요. 베네치아는 118개의 작은 섬으로 이루어져 있는데, 섬들은 400개가 넘는 다리로 이어져 있어요.

베네치아에서 대표적인 곳은 산마르코 대성당이에요. 다섯 개의 돔 지붕과 뛰어난 조각, 내부의 황금빛 모자이크 등 비잔틴 양식의 대표적인 건축물이에요. 베네치아의 골목을 이동할 때는 곤돌라라는 배를 이용해요. 곤돌라는 원래 섬에서 죽은 사람의 시신을 운반하는 장례용 배였어요. 하지만 지금은 사람들과 식료품 등을 나르는 교통수단이 되었지요.

베네치아는 물 위에 세워진 도시여서 자주 침수 피해를 입었는데, 지구 온난화로 바닷물의 높이가 높아져서 조금씩 잠기고 있어요. 그래서 사람들은 바닷물 차단벽을 만들었어요. 밀물과 썰물 때 수위가 높아지면 인공 차단벽인 '모세'가 솟아올라서 침수를 막아 주지요.

세계 유산 놀이터

세계 7대 불가사의로 꼽힌 세계 문화유산은 사람이 만든 것이라고는 믿어지지 않는 신기하고 놀라운 건축물이에요. 다음 그림을 보고 틀린 것을 두 개 골라 네모 칸에 ☑해 보세요.

늙은 봉우리라는 뜻의 마추픽추는 2,000미터가 훨씬 넘는 곳에 세워진 공중 도시예요.

치첸이트사의 대표 유적인 엘 카스티요는 쿠쿨칸을 모시는 신전으로, 형태가 피라미드와 닮아서 '쿠쿨칸 피라미드'라고도 해요.

만리장성은 유목 민족이 중국으로 쳐들어오는 걸 막기 위해 지은 것으로, 완공하는 데 천 년 가까이 걸렸어요.

무굴 제국의 황제인 샤자한은 자신의 업적을 알리기 위해 타지마할을 세웠어요.

리우데자네이루의 예수상은 브라질 독립 100주년을 기념하며 세워졌어요.

세계 문화유산으로 지정된 건 대체로 신기하고 놀라운 것들이에요. 사막 한가운데에 솟아 있는 피라미드나 바위를 통째로 깎아서 만든 건축물들은 오늘날의 발전된 과학으로도 재현하기 힘들 정도이지요. 그중에는 몇 백 년 동안 잊힌 도시들도 있어요.

신화나 전설 속 고대 도시가 탐험가나 학자들에 의해 세상에 모습을 드러내고 과거의 찬란한 모습을 상상하게 만들어요. 그 이야기 속으로 들어가 볼까요?

신비로움이 감도는 고대 도시

거대한 피라미드와 무덤을 지키는 스핑크스

하늘로 올라가는 파라오의 무덤

아프리카 북동쪽에 있는 이집트는 대부분의 땅이 사막이에요. 그래서 사람들은 나일강 주변에 모여 살면서 농사를 지었어요. 나일강은 비가 많이 내리면 강이 흘러넘쳐 땅이 기름졌거든요. 사람들이 한곳에 모여 살면서 왕국이 등장했어요. 그리고 여러 왕국을 통일한 파라오★는 신과 같은 대우를 받았어요. 백성들은 파라오를 태양신의 아들이라고 여겼고, 파라오는 자신의 힘을 보여 주기 위해 거대한 피라미드와 신전을 세웠어요.

★**파라오** 고대 이집트 왕을 말해요.

고대 이집트의 수도였던 멤피스에서 조금 떨어진 사카라에는 10기★가 넘는 피라미드가 모여 있어요. 그중에서 대표적인 피라미드는 조세르 왕의 피라미드예요. 계단식으로 지어진 피라미드로 높이는 약 62미터이고 동서와 남북의 길이는 각 100미터가 넘어요. 사람들은 파라오가 죽으면 계단을 올라 하늘로 간다고 믿어서 계단식으로 만든 것이지요. 이후 피라미드는 매끈한 사각뿔 모양으로 변한답니다.

★**기** 무덤이나 비석 등을 세는 단위예요.

조세르 왕의 피라미드

이집트에서 가장 큰 피라미드

기자에 있는 피라미드는 많은 관광객이 찾는 곳이에요. 특히 쿠푸 왕의 피라미드는 높이가 약 147미터로 이집트의 피라미드 중 가장 높아요. 피라미드를 만드는 데는 20년 이상 걸렸을 거라고 추정해요. 돌 하나의 무게는 약 2,500킬로그램인데, 무려 230만여 개를 쌓아서 만들었어요. 조금 떨어진 곳에 있는 카프레 왕의 피라미드는 높이가 약 143미터이고 피라미드 앞에 스핑크스가 있어요. 스핑크스는 사람의 얼굴에 날개 달린 사자의 몸을 한 그리스 신화에 나오는 괴물이에요.

피라미드 안에는 지하실과 무덤실 그리고 여러 방이 있어요. 좁고 복잡한 통로를 지나야 관이 있는 넓은 공간으로 갈 수 있지요. 쿠푸 왕의 피라미드는 818년, 보물을 찾는 과정에서 막혀 있던 입구가 발견됐어요. 입구를 지나 넓은 통로를 따라 들어간 피라미드의 중심에는 돌로 만든 쿠푸 왕의 관이 있었지요. 하지만 발굴되었을 때 관은 텅 비어 있었다고 해요. 그래서 사람들은 쿠푸 왕의 시신이 다른 곳에 있을 거라고 여겨요.

피라미드는 어떻게 만들어질까요?

사막에 세워진 피라미드는 주변에서 돌을 구할 수 없어 나일강 근처에서 돌을 구해 강을 이용해 옮겼을 거라고 짐작해요. 그런 다음 알맞은 크기로 자르는데, 이때 돌에 구멍을 뚫고 나무를 박아 물을 붓는 방법을 이용했어요. 물을 먹은 나무의 부피가 커져 바위를 깨뜨리는 원리이지요. 원하는 크기로 자른 돌은 지렛대를 이용해서 옮겨 쌓았어요. 피라미드의 겉은 화강암으로 장식했는데, 도굴꾼에게 훼손되어 지금은 대부분 남아 있지 않아요.

이집트 사람들은 피라미드를 죽은 사람들이 사는 공간이라고 여겼어요. 죽은 자의 세계가 있다고 믿었기에 시신을 썩지 않게 미라로 만들어 무덤에 묻었지요. 미라를 만드는 데는 고도의 과학 기술이 필요했어요. 피라미드 역시 아주 정교하고 완벽한 비율을 따르고 있어서 여러 전문가들이 모여 만들었을 거라고 추정해요. 피라미드의 맨 꼭대기에는 삼각형 모양 돌을 올려 두었어요. 이 돌은 '피라미디온' 또는 '캡스톤'이라고 부르며 글자나 다양한 상징을 새기기도 했답니다.

버려진 크메르 제국의 수도 앙코르

세상에 모습을 드러낸 크메르 제국의 사원

동남아시아의 열대 우림에서 성장한 크메르 제국은 캄보디아, 베트남, 태국, 라오스 등을 아우르는 거대한 왕국을 이루었어요. 크메르 제국의 수도가 바로 앙코르였지요. 크메르 제국의 황금기였던 수리야바르만 2세 때 힌두교 사원인 앙코르 와트를 만들었어요. 크메르 제국은 14세기에 나라의 힘이 점점 약해지더니 15세기에 아유타야 왕국의 공격으로 멸망했어요.

이후 앙코르는 사람들의 기억에서 잊혀졌지요. 주민들은 앙코르에 들어가면 신의 미움을 받아 죽는다는 전설을 믿어서 앙코르 와트를 찾으려고 하지 않았어요. 그러던 중 프랑스의 탐험가 앙리 무오가 1860년 밀림 속에서 앙코르 와트를 찾았어요. 주민들은 앙코르 와트가 알려지는 것을 두려워했지만 앙리 무오에 의해서 세상에 드러났지요.

앙리 무오는 앙코르 와트에 대해 자세히 쓰고 그려서 책으로 남겼어요.

그런데 놀랍게도 탐사에서 돌아온 다음 해 그는 병으로 죽고 말았지요.

힌두교와 불교가 섞여 있어요

앙코르 유적지에는 600개가 넘는 사원들이 있었어요. '사원의 도시'라는 뜻의 앙코르 와트는 수만 명의 사람들을 동원하여 공사 기간만 30년이 넘게 걸렸답니다. 앙코르 와트에는 5개의 탑이 우뚝 솟아 있는데, 힌두 전설에 나오는 거룩한 다섯 봉우리를 상징해요. 중앙 탑의 높이는 65미터이고 우주의 중심에 있다는 수미산을 상징해요.

원래 힌두교 사원으로 지어졌지만 나중에는 불교 사원으로 이용되었어요. 주변 나라의 공격을 받고 나라가 혼란스러워지자 종교를 힌두교에서 불교로 바꾸었기 때문이지요.

바욘 사원 4면 불상

앙코르 와트 주변에는 앙코르 톰이라는 문화 유적지가 있어요. 그리고 앙코르 톰에는 대표 유적인 바욘 사원이 있지요. 4면에 불상의 얼굴을 커다랗게 조각해 놓았는데, 돌에 조각된 모습은 사람의 손으로 새겼다고는 믿어지지 않을 만큼 거대하고 섬세해요. 그래서 '앙코르의 미소'라고도 불리지요. 나무뿌리가 건물 위에서 흘러내리는 듯한 타프롬 사원은 왕조가 멸망한 뒤 버려져 있어서 나무들이 무성해진 거예요. 전쟁이 벌어지면서 앙코르 와트의 유물이 많이 훼손되었답니다.

앙코르를 수많은 신이 지키고 있다고요?

앙코르 와트는 둘레에 직사각형의 넓은 해자★가 있어요. 깊이는 3미터이고 폭은 약 190미터나 되지요. 전체 둘레는 약 5킬로미터나 된답니다. 해자 덕분에 적이 앙코르 와트로 쉽게 들어올 수 없었어요. 또한 해자를 건너 신의 세계로 들어간다는 의미도 있었어요. 정문은 서쪽으로 냈는데 죽은 뒤 서쪽의 극락세계로 간다는 믿음 때문이었지요.

★**해자** 적의 침입을 막기 위해 땅을 깊이 파서 물을 채운 것을 말해요.

앙코르 와트에는 힌두교의 신들이 곳곳에 새겨져 있어요. 우주 창조신 브라흐마, 우주 유지신 비슈누, 우주 파괴신 시바 세 신은 힌두교 삼신으로 불려요. 앙코르 와트 벽에는 춤을 추는 듯한 여신의 조각도 볼 수 있어요. 이 여신은 신을 위해 춤을 추는 압사라로, 앙코르 와트에는 모두 다른 동작을 취하고 있는 압사라가 1,500개가 넘게 새겨져 있답니다.

신화 속에서 세상으로 나온 트로이

아시아와 유럽을 잇는 고대 도시

고대 도시 트로이는 고대 그리스의 작가 호메로스가 쓴 〈일리아드〉와 〈오디세이〉에 등장해요. 하지만 누구도 트로이가 어디에 있는지 찾지 못했지요. 독일의 고고학자 하인리히 슐리만이 몇 년 동안 발굴하던 중 1873년에 왕관과 금목걸이, 황금 잔 등의 유물을 발견했어요.

"이, 이게 바로 그렇게 찾아 헤맨 트로이의 유물이야!"

문학 작품 속에서만 등장하던 고대 도시 트로이는 그렇게 세상에 드러났고, 트로이 전쟁의 모습도 살필 수 있었답니다.

트로이는 아시아와 유럽을 잇는 곳에 있던 도시로, 지금의 튀르키예 서쪽에 해당해요. 기원전 3000년 무렵부터 약 4천 년 동안 이어졌어요. 트로이는 성벽과 요새를 짓고 도시의 모습을 갖추어 갔지만 전쟁이나 지진으로 파괴되었다가 새로 짓기를 반복했어요. 그래서 트로이 유적지는 모두 9개의 구역으로 나눈답니다. 학자들은 트로이 전쟁이 있었던 시기의 유적은 7구역으로 추정해요. 트로이 유적지로 들어가는 입구는 성벽을 좁게 쌓아서 마치 요새로 들어가는 듯한 모습이에요.

세계 유산 배움터

트로이를 무너뜨린 목마의 비밀

트로이 전쟁은 기원전 12~13세기에 일어나 10년간 계속된 전쟁이에요. 아가멤논이 이끄는 그리스 연합군은 트로이와 전쟁을 벌였어요. 하지만 높은 산과 성벽으로 둘러싸여 있던 트로이를 정복하지 못했어요. 그러던 어느 날 그리스 연합군의 이타카 왕 오디세우스가 묘책을 냈어요. 거대한 목마를 만들어 항복한다는 뜻으로 바닷가에 두고 철수하는 것처럼 꾸미자고 한 것이지요. 그런데 사실 목마 안에는 그리스 연합군의 군사들이 숨어 있었답니다.

트로이의 군사들은 목마를 성안으로 가져와 승리를 축하했어요. 하지만 깊은 밤 모두 잠에 빠졌을 때 목마 안에서 그리스 연합군 군사들이 나왔어요. 그들은 조용히 성문을 열었고 결국 트로이 성은 함락되고 말았지요.
이 이야기는 호메로스가 쓴 〈일리아드〉에 나오는데 진짜로 목마가 전쟁에 쓰였는지는 알 수 없어요. 하지만 오늘날 트로이 유적지 입구에는 거대한 트로이 목마상이 세워져 있답니다.

인도 불교 예술의 보고, 아잔타의 석굴

단단한 돌을 뚫어 사원을 만들었어요

인도를 최초로 통일한 왕조는 마우리아 왕조예요. 마케도니아의 알렉산드로스 대왕이 인도를 공격한 일을 계기로 통일 왕조가 등장했지요. 마우리아 왕조 제3대 아소카 왕 때는 불교가 크게 발전했어요. 하지만 아소카 왕이 죽은 다음 인도는 또다시 여러 작은 왕국들로 나뉘었어요. 인도 북부에서 등장한 굽타 왕조는 200년 넘게 번영을 누렸는데, 이때 학문과 예술이 발전하고 인도 고유의 특색을 살린 굽타 양식이 발전했지요. 굽타 양식을 대표하는 건축물이 바로 아잔타의 석굴 사원이에요.

인도 북서쪽의 아잔타 지역에서 승려들은 더위나 비를 피해 화강암 절벽을 파서 사원을 만들었어요. 그리고 석굴에 살면서 수행을 했지요. 아잔타의 석굴 사원은 만들어진 시기에 따라 전기와 후기로 나뉘어요. 초기 석굴 사원에는 불상 대신 스투파가 있어요. 스투파는 둥근 모양의 탑인데, 부처의 사리나 뼈를 모시기도 했답니다. 후기 석굴 사원은 굽타 왕조 때 만들어졌어요. 이 시기의 벽화와 조각은 화려하고 다양한 색으로 표현되었어요.

석굴암에 영향을 준 아잔타 석굴

아잔타의 석굴 벽에는 아름다운 벽화가 있는데 부처의 일대기를 그려 놓은 것이에요. 벽화 속 인물들은 표정이 풍부하고, 동작도 부드럽고 자연스럽지요. 또한 옷 주름이나 장신구까지 섬세하게 표현되어 있답니다.

아잔타의 석굴은 우리나라의 석굴암 건축에도 영향을 주었어요. 동굴을 깎아서 공간을 만들고, 불상을 중심으로 조각들이 배치되었으며 조각은 아주 섬세하고 입체감이 풍부하지요.

여러 종교가 섞여 있는 엘로라 석굴

아잔타 석굴에서 멀지 않은 곳에 엘로라 석굴이 있어요. 약 2킬로미터의 길이에 34개의 석굴이 이어져 있지요. 엘로라 석굴은 불교·힌두교·자이나교 석굴로 나뉘어 있어요. 석굴 내부에는 많은 조각들이 남아 있는데, 천장은 반원 형태이고 좁은 복도 끝에는 불탑이 있어요. 다른 사원은 큰 바위 안에 공간을 낸 반면 힌두교 사원인 카일라사 사원은 바위를 위에서부터 깎아서 만들었어요. 벽에는 힌두교의 신들이 정교하게 조각되어 있지요.

대제국 페르시아의 도시, 페르세폴리스

오리엔트 세계를 통일한 페르시아

오리엔트 지역은 인도의 인더스강 서쪽에서 지중해 연안까지 이르는 지역이에요. 아시아, 아프리카, 유럽 세 대륙이 만나는 오리엔트 지역은 모두가 호시탐탐 노리는 곳이었어요. 그래서 전쟁도 자주 일어났는데, 이 지역을 최초로 통일한 나라가 아시리아였어요. 하지만 아시리아가 멸망한 뒤 신바빌로니아 왕국이 들어서고, 다시 페르시아 제국이 신바빌로니아를 정복하고 오리엔트를 통일하지요.

페르시아 제국은 다리우스 1세 때 더욱 영토를 넓히고 발전해서 전성기를 맞이해요. 다리우스 1세는 페르세폴리스를 아케메네스 왕조의 수도로 삼았어요. 페르세폴리스는 '페르시아의 도시'라는 뜻이에요. 이란의 수도 테헤란에서 남쪽으로 멀리 떨어져 있지요. 다리우스 1세는 페르세폴리스에 있는 거친 바위투성이의 산을 헐어 웅장한 궁전을 세우도록 했어요. 최고의 건축가들이 값비싸고 귀한 재료로 궁전을 지었어요. 아들인 크세르크세스 1세 때까지 공사는 계속되었지요.

막강한 페르시아의 힘을 보여 주는 건축물

페르세폴리스의 건축물에는 다양한 문화가 섞여 있는데, 황소의 몸에 독수리의 날개가 달린 조각은 아시리아, 계단식 건물은 바빌로니아, 큰 기둥과 연꽃무늬는 이집트의 양식을 따른 거예요.

페르세폴리스의 중심에 있는 아파다나 궁전은 기둥, 계단, 밑단 등 기초만 남아 있어요. 하지만 궁전으로 오르는 계단에는 페르시아 제국에 공물을 바치러 온 사신들의 모습이 새겨져 있어요. 사신들은 비단이나 상아 등을 들고 있는데, 조각을 통해 당시 페르시아 제국의 힘이 얼마나 강했는지 짐작할 수 있지요.

이렇게 강성했던 페르시아는 마케도니아 알렉산드로스 대왕의 공격으로 멸망했어요. 알렉산드로스 대왕은 페르세폴리스의 보물을 모두 빼앗은 다음 명령했어요.

"도시를 철저히 파괴하고 불태워라!"

다리우스 1세의 궁전은 무너졌고 알렉산드로스 대왕은 수천 마리의 낙타와 노새를 이용해 보물을 실어 갔다고 해요. 오늘날 페르세폴리스에는 복원 연구소가 세워져서 발굴과 복원을 이어 가고 있답니다.

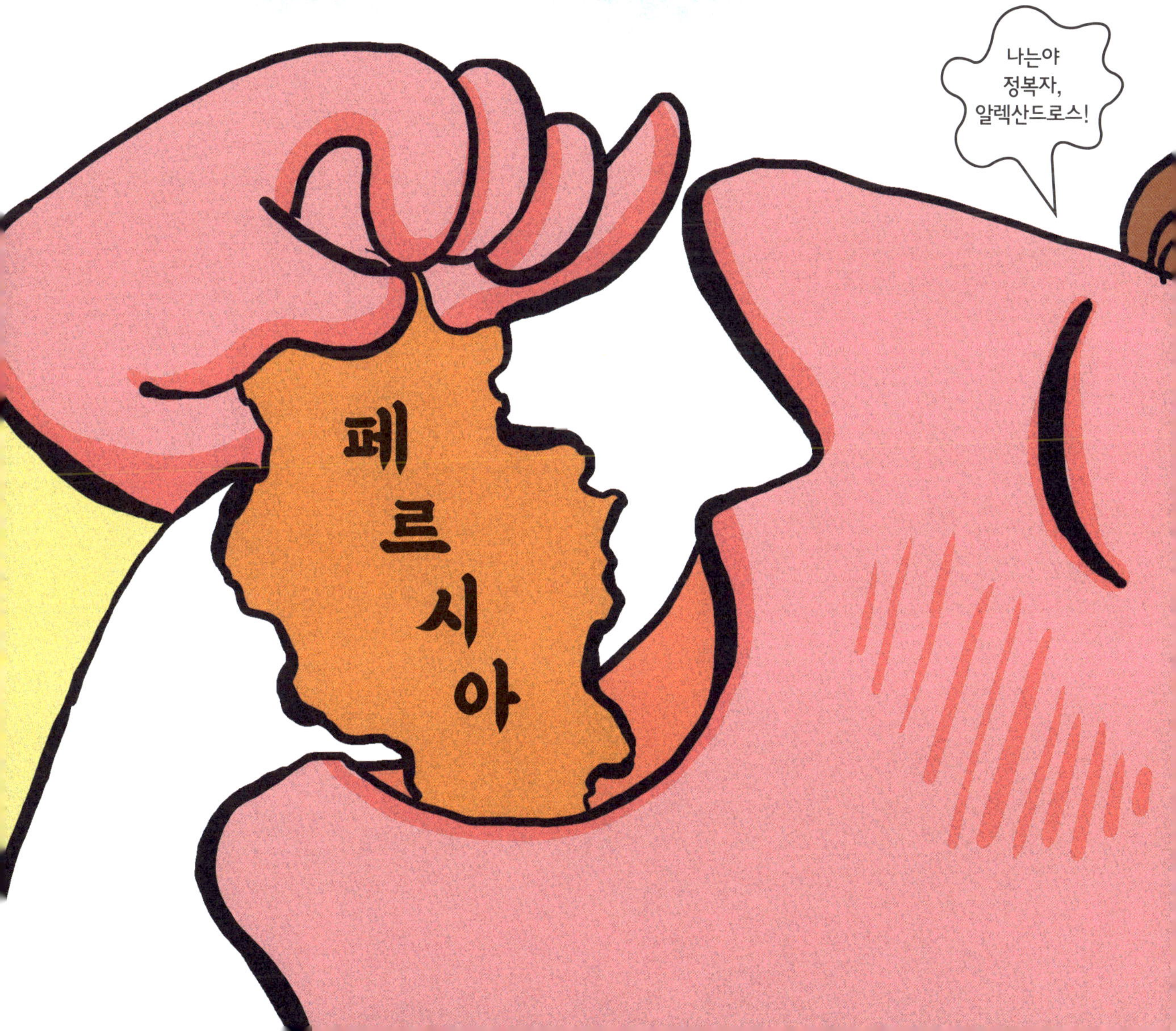

화산 폭발로 사라진 폼페이

화산이 도시를 집어삼켰어요

폼페이는 이탈리아 남쪽 나폴리만 연안에 있던 고대 도시예요. 바다와 접해 있는 항구 도시로, 베수비오산의 남동쪽에 있어요. 79년 베수비오산은 거대한 연기를 내뿜으면서 폭발 조짐을 보였어요.

"불의 신 불카누스가 노하셨다! 제사를 올려라."

사람들은 성대한 제사를 지냈지만 베수비오산은 붉은 용암과 잿빛 화산재를 토해 냈어요. 용암과 화산재는 아름다운 도시 폼페이를 집어삼키고 말았지요.

폼페이는 아주 오랫동안 땅속에 잠들어 있었어요. 그러다 1748년에 본격적으로 폼페이 발굴이 시작되었지요. 무너지고 파괴된 곳도 많았지만 원래 모습이 온전히 보존된 곳도 있었어요. 7미터나 두껍게 쌓인 화산재 덕분이었지요. 당시 화산재와 유독 가스 등을 피하지 못한 사람들은 약 2,000명이나 되었어요.

엎드리거나 누워 있는 모습, 웅크린 모습으로 굳어 화석이 된 사람들이 발견되었지요. 오늘날에는 귀족들의 집과 극장, 도로, 수도관 등이 발굴되어 2천 년 전 휴양 도시의 모습을 엿볼 수 있답니다.

아름다운 폼페이의 흔적

폼페이 유적지에서 베티의 집은 부유한 저택의 모습을 잘 보여 주어요. 특히 그리스 로마 신화의 내용이 그려진 벽화는 로마 미술의 최고 걸작으로 손꼽혀요. 베티의 집 근처 파우니의 집은 파우니 청동상과 모자이크 장식이 유명해요. 로마 검투사들이 모여서 지내던 검투사의 집은 2010년에 폭우로 무너지고 말았어요.

파우니 청동상

폼페이와 나폴리 사이에 있는 헤르쿨라네움은 일반 주민들이 살던 도시였어요. 베수비오산이 폭발하기 16년 전 지진으로 파괴되었다가 화산 폭발로 사라지게 되었지요. 헤르쿨라네움에서는 벽화와 목욕탕 유적지 등이 발굴되었어요.

폼페이 유적은 당시 이탈리아를 지배한 프랑스가 발굴하면서 중요한 유물들을 프랑스로 가져갔어요. 이후 이탈리아가 발굴한 유물들은 나폴리 국립 고고학 박물관에 소장되어 있어요.

미로처럼 이어진 페스의 메디나

옛 모습을 간직한 구시가지예요

에스파냐와 마주 보고 있는 모로코 북부에는 789년 이드리스 1세가 세운 도시가 있어요. 아프리카와 유럽의 경계에 있는 도시로 나중에 페스라고 불리지요. 이드리스 2세는 페스를 모로코 왕국의 수도로 삼았고, 13~14세기에 도시는 크게 번성했어요.

페스의 메디나는 중세 이슬람 도시의 모습이 남아 있는 구시가지를 말해요. 이슬람 사원인 모스크를 중심으로 학교, 시장, 공중목욕탕 등이 좁은 길을 따라 복잡하게 얽혀 있어요.

메디나는 약 16킬로미터나 되는 성벽으로 둘러싸여 있어요. 9,000개가 넘는 골목은 마치 미로와 같아요. 적이 침입했을 때 도시 중심으로 가기 어렵게 하기 위해 이렇게 만든 것이지요. 메디나는 에스파냐의 코르도바에서 온 사람들이 사는 지역과 튀니지의 카이르완에서 온 사람들이 사는 지역으로 나뉘어요. 또 페스는 가죽 제품을 만드는 기술이 뛰어난 곳으로 알려져 있어요. 지금도 천 년이 넘는 전통적인 방법으로 제품을 만들고 있지요. 또한 과일이나 열매로 만드는 천연 염색 기술도 뛰어나요.

아폴론 신을 모신 델포이 신전

델포이가 세상의 중심이라고?

그리스 신화에 따르면 제우스 신이 어느 날 독수리 두 마리를 하늘로 날려 보냈어요.

"인간들이 사는 땅의 중심이 궁금하구나."

제우스는 한 마리는 동쪽으로, 다른 한 마리는 서쪽으로 날려서 세상의 중심을 알아보려고 한 것이에요. 독수리 두 마리가 만난 곳은 그리스 아테네 북서쪽의 델포이 한가운데에 있는 파르나소스산이었어요.

제우스는 아들 아폴론을 파르나소스산으로 보내서 머물게 했는데, 그곳 동굴에는 거대한 구렁이 피톤이 살고 있었어요. 아폴론이 피톤을 죽이자 델포이 사람들은 아폴론을 섬기게 되었지요.

델포이의 아폴론 신전은 태양의 신 아폴론을 모신 곳이에요. 신전에는 신탁소가 있었는데, 신탁소는 신의 말씀을 들을 수 있는 곳을 말해요. 사제에게 궁금한 것을 물으면 아폴론 신의 말씀을 전해 주었지요. 또한 아폴론이 피톤을 물리친 것을 기념하며 피티아 제전★을 열었어요. 피티아 제전은 원래 8년마다 시를 낭송하고 음악을 연주하는 행사였어요. 그러다가 운동 경기와 마차 경주 등을 4년마다 개최하는 것으로 바뀌었지요.

★**제전** 예술이나 운동 등과 관련하여 열리는 큰 행사를 말해요.

델포이에 남겨진 고대 그리스의 흔적

아폴론 신전은 여러 번 파괴되었다가 새로 지었어요. 길이가 23미터, 폭이 60미터인 38개의 기둥이 있었다고 하지만 현재는 터와 기둥 6개만 남아 있어요. 아폴론 신전에서 발굴된 유물은 델포이 고고학 박물관에 소장되어 있답니다.

아폴론 신전으로 가는 길은 언덕 위로 지그재그 모양이에요. '신성한 참배의 길'이라고 불리는 이 길에는 3,000여 개에 이르는 조각상들과 신에게 바치는 물건들을 보관하는 보물 창고가 있어요.

신성한 참배의 길에는 오늘날의 시장과 같은 아고라가 있었어요. 그리고 길 끝에 있는 아폴론 신전을 지나 조금 더 올라가면 델포이 극장이 나오지요. 델포이 극장은 5,000여 명이 들어갈 수 있는 공연장이에요. 무대를 중심으로 반원 형태의 관람석이 35단으로 조성되어 있어요.
파르나소스산 꼭대기에 있는 스타디움은 제전을 열던 곳이에요. 신과 가장 가까운 곳이라고 여겨 산꼭대기에 경기장을 만든 것이지요. 이 밖에도 '운동하는 곳'이라는 뜻의 김나지움에는 체육관과 목욕탕 등의 흔적이 남아 있어요.

세계 유산 배움터

신을 위한 제전에서 시작된 올림픽

4년마다 열리는 전 세계인의 스포츠 축제인 올림픽은 고대 그리스의 올림피아 제전에서 유래했어요. 제우스를 모시는 신전이 있는 올림피아에서는 고대 그리스 사람들이 모여 5일 동안 경기 대회를 열었어요. 횟수를 거듭하면서 단거리 달리기부터 창던지기, 멀리뛰기, 레슬링 등 종목이 점점 늘어났고 전차 경주를 하기도 했어요. 우승자에게는 올리브 나뭇잎으로 만든 관을 씌어 주었어요.

프랑스의 쿠베르탱 남작은 영국으로 유학을 갔다가 영국 학교에서 스포츠 교육을 열심히 하는 것을 보았어요.
"공부보다 운동을 더 강조하는 교육이라니 놀랍군!"
쿠베르탱은 프랑스로 돌아와 국제 올림픽 위원회(IOC)를 만들어 근대 올림픽 개최를 준비했어요. 올림피아 제전이 중단되고 약 1500년이 지난 1896년, 그리스의 아테네에서 제1회 올림픽 대회가 열렸어요.
우리나라 선수가 올림픽에 출전한 것은 일제 강점기인 1932년이었어요. 그리고 4년 뒤인 1936년 손기정 선수가 베를린 올림픽 마라톤에서 금메달을 차지했지요.

세계 유산 놀이터

이탈리아 남쪽 나폴리만 연안에 있던 폼페이는 화산 폭발로 2천 년 가까이 땅속에 잠들어 있었어요. 두 그림에서 다른 부분 다섯 군데를 찾아 ○해 보세요.

강력한 힘을 가진 왕들은 화려하고 웅장한 건물을 세워서 왕의 힘을 보여 주려고 했어요. 엄청난 규모와 막대한 비용을 들여서 만든 건축물들은 놀라움을 선사하지만 무리한 공사 때문에 왕조가 몰락하기도 했지요.

천국에 온 듯 아름다운 궁전, 미로와 같은 성, 종교와 문화가 뒤섞인 사원, 누구도 흉내 낼 수 없는 독특한 건축물까지 감탄을 자아내는 세계 유산들을 소개합니다!

화려한 궁전과
놀라운 건축물

절대 군주의 힘을 보여 주는 베르사유 궁전

태양왕 루이의 호화로운 궁전

16~18세기 유럽에서는 왕이 모든 힘을 가지고 법에도 구속받지 않는 절대 왕정 체제가 시작되었어요. 특히 프랑스의 루이 14세는 '태양왕'이라고 불릴 정도로 힘이 막강했어요. 백성들은 왕을 우러러보았고, 왕은 자신의 힘을 보여 주기 위해 호화로운 궁전을 지으라고 했지요.

루이 14세는 아버지가 지은 사냥용 별장이었던 베르사유 궁전을 고쳐 자신과 귀족들이 머물 수 있도록 했는데, 실은 귀족들을 감시하기 위해서였어요. 귀족들은 엄격한 궁중 예절을 따르며 왕에게 존경심을 보여야 했지요.

베르사유 궁전은 바로크 양식을 볼 수 있는 대표적인 건물이에요. 바로크 양식은 유럽에서 유행한 예술 양식으로, 장식이 화려하고 풍부하며 복잡한 것이 특징이에요. 베르사유 궁전에는 700개가 넘는 방이 있어요. 그중에서 행사를 치르거나 외국 사절을 맞이하는 거울의 방이 가장 유명해요.

약 70미터 길이의 벽에 창을 내고 마주 보는 벽에는 357개의 거울을 장식했어요. 창문으로 들어오는 햇빛이 거울에 반사되면 눈이 부시도록 찬란하게 빛나지요.

어떻게 하면
왕에게
잘 보일까?

베르사유 궁전 때문에 왕조가 몰락했다고?

베르사유 궁전은 동서를 기준으로 남북이 대칭을 이루고 있어요. 넓은 정원에는 야외 공연장과 미로, 분수 등이 아름답게 어우러져 있지요. 대운하를 가로지르는 소운하 끝에는 왕비의 별궁으로 쓰인 그랑 트리아농과 프티 트리아농이 있는데, 프랑스의 시골 풍경을 느낄 수 있는 곳이에요. 이처럼 베르사유 궁전은 꼼꼼히 돌아보려면 하루 종일 움직여도 볼 수 없을 정도로 넓어요. 그래서 루이 14세는 직접 관람 안내서를 만들어 방문객에게 주었다고 해요.

베르사유 궁전은 완공되기까지 50년이 넘게 걸렸어요. 원래 늪이었던 곳을 흙으로 메우고 강물을 끌어와 연못과 분수를 만들어야 했거든요.
루이 14세는 세상에서 가장 화려하고 큰 궁전을 짓고 싶어 했어요. 그러기 위해서 궁전 공사에 많은 돈을 쏟아부었는데, 모두 백성들에게서 거두어들인 세금이었지요.
나라의 빚은 늘어났지만, 루이 14세는 궁전에서 자주 호화로운 파티를 열었어요. 이 일로 참고 있던 백성들이 들고일어난 것이 프랑스 혁명이랍니다.
프랑스 혁명으로 프랑스에서 왕조는 사라지게 되었지요.

세계에서 가장 큰 궁궐 자금성

황제를 상징하는 궁궐

진시황이 중국을 통일하고 진나라를 세운 이후 한나라, 수나라, 당나라 등 새로운 왕조들이 이어졌어요. 중국 사람들은 세계의 중심이 중국이라고 믿었고, 중국의 황제는 힘을 과시하기 위해서 큰 궁궐을 짓고 거대한 무덤을 만들었답니다. 1406년, 명나라의 황제 영락제는 수도를 베이징으로 옮기고 자금성을 짓게 했어요. 자금성은 공사를 시작하고 14년 뒤인 1420년에 완공되었지요. 중국에서는 자금성을 '고궁'이라고 불러요.

자금성은 '자주색의 금지된 성'이라는 뜻인데, 건물들이 대부분 자주색을 띠고 있어요. 자주색은 북극성을 나타내는 색인데, 북극성은 황제를 상징해요. 그래서 황제가 사는 곳은 자주색이어야 한다고 여겼지요. 지붕에는 금색 기와를 얹었는데, 금색도 황제를 상징하는 색이에요. 자금성은 10미터의 높은 성벽이 둘러싸고 있고 해자가 있어서 적이 들어가기 힘든 구조예요. 넓이는 동서로 750미터가 넘고 남북으로는 960미터가 넘어요. 게다가 성안에는 방이 약 9,000개나 되었대요.

자금성 안은 어떤 모습일까요?

자금성은 업무를 보는 외조와 황제의 개인 생활 공간인 내정으로 나눌 수 있어요. 외조에는 황제가 공식적인 업무를 보는 태화전이 있어요. 태화전에서는 황제의 즉위식이나 궁의 중요한 행사들을 열었답니다. 태화전은 3층 기단 위에 있으며 중국에서 가장 큰 목조 건물이에요. 태화전 앞에는 넓은 마당이 있고 태화전으로 오르는 계단 가운데에는 아홉 마리의 용이 새겨진 조각이 있어요. 용은 황제를 상징하는 문양이지요. 내정에는 황제와 황후의 침실이나 후궁, 궁녀 등이 생활하는 곳이 있었어요.

탁 트인 자금성에는 특이하게도 나무가 없어요. 혹시나 황제에게 나쁜 짓을 하려는 사람이 몸을 숨길 수도 있어서 일부러 심지 않았대요. 하지만 황제와 황후가 휴식을 즐기는 정원인 어화원에는 무성한 나무와 인공 바위, 인공 호수 등이 아름답게 꾸며져 있어요. 또한 커다란 돌을 쌓아서 만든 인공 산인 퇴수산도 있답니다. 자금성에서 유일하게 성벽보다 높은 퇴수산을 통해 자금성 밖을 볼 수 있어 궁에서 생활하는 사람들에게 인기가 많았답니다.

세계 유산 배움터

자금성에서 뛰어논 중국의 마지막 황제

중국의 마지막 황제는 광서제의 뒤를 이어 황제가 된 '푸이'였어요. 죽음을 앞둔 광서제에게 자식이 없자 이복동생인 순친왕 재풍의 아들을 황제로 삼은 것이지요. 황제 즉위식을 열었을 때 푸이는 고작 세 살이었어요. 그래서 엄숙한 즉위식에서 푸이가 울음을 터뜨리자 순친왕이 달랬어요.

"조금만요, 곧 끝납니다. 끝나요."

푸이는 이름뿐인 황제였고, 자금성에서 유모와 환관, 궁녀들 틈에서 자랐어요. 공부 시간이 되면 황궁 정원에서 개미나 지렁이를 관찰하며 놀았다고 해요. 푸이는 즉위한 지 5년 만인 1912년 황제 자리에서 물러났어요.

1911년에 신해혁명이 일어나면서 청나라가 멸망하고 중화민국이 들어섰어요. 1949년에는 중국 공산당의 우두머리였던 마오쩌둥이 톈안먼 광장에서 중화 인민 공화국을 선포하고 초대 주석이 되었지요.

자금성의 정문인 톈안먼 앞에는 넓은 광장이 펼쳐져 있어요. 톈안먼 광장은 나라의 중요한 행사가 열리는 곳이에요. 동서의 길이는 500미터이고, 남북의 길이는 880미터로 세계에서 가장 큰 광장이랍니다.

아름다운 붉은 성 알람브라 궁전

그라나다에 자리 잡은 이슬람교도들

에스파냐는 700년 이상 이슬람교 세력이 자리 잡고 있었는데, 크리스트교 세력이 들어오면서 이슬람 세력은 남쪽으로 밀려 내려갔어요. 시골 변두리 마을이었던 그라나다에 도착한 이슬람교도들은 왕조를 세우고 알람브라 궁전을 만들었어요. 알람브라 궁전은 이슬람 문화의 뛰어난 걸작으로 손꼽혀요.

알람브라 궁전은 나스르 궁전, 카를로스 5세 궁전, 알카사바 성과 요새, 헤네랄리페 정원 네 구역으로 나눌 수 있어요. 처음 궁전이 만들어진 것은 나스르 왕조 때이고, 이후 알람브라 궁전에 잠시 머물던 카를로스 5세가 가톨릭 양식으로 새롭게 궁전을 짓도록 했지요.

알람브라 궁전 곳곳에서는 아라비아에서 시작된 장식 무늬인 아라베스크 문양을 볼 수 있어요. 구체적인 형태가 있는 게 아니라 기하학적인 무늬나 덩굴무늬가 조화를 이루고 있지요.

나스르 왕조의 마지막 왕은 카스티야와 아라곤 연합국의 공격을 버티지 못하고 결국 항복했어요. 전쟁이 길어지면 백성들이 힘들어하고 알람브라 궁전도 파괴될까 걱정되었기 때문이에요. 왕의 마지막 부탁은 궁전을 보전해 달라는 것이었다고 해요.

눈부신 정원과 가슴을 울리는 연주곡

알람브라 궁전에서 가장 크고 아름다운 곳은 '대사의 방'이에요. 외국에서 온 손님들을 맞는 곳으로 벽에는 이슬람 경전인 코란이 새겨져 있어요.
'사자의 뜰'에는 분수대 아래에 열두 마리의 사자가 조각되어 있어요. 바깥쪽을 바라보고 있는 사자들은 시간에 맞추어 한 마리씩 입에서 물을 뿜었다고 해요.
'두 자매의 방'은 왕비가 머물던 곳으로 천장이 마치 종유석처럼 장식되어 있는데 매우 섬세하고 정교하지요. 이 밖에도 궁전 안에는 목욕탕과 마사지 방이 있었다고 해요.

대사의 방

사자의 뜰

카를로스 5세 정원에는 원형 뜰이 있는데, 투우 경기를 벌인 곳으로 오늘날에는 음악회가 열리고 있어요. 헤네랄리페 정원은 '모든 것을 아는 사람의 정원'이라는 뜻으로 왕을 위한 공간이에요. 길쭉한 인공 연못과 꽃, 나무가 어우러져 이곳을 방문한 사람들은 천국 같다고 입을 모을 정도예요. 에스파냐의 작곡가이자 연주자인 프란시스코 타레가는 알람브라 궁전을 여행하고 '알람브라 궁전의 추억'이라는 연주곡을 만들었는데, 오늘날에도 최고의 기타 연주곡으로 손꼽혀요.

두 자매의 방

헤네랄리페 정원

새하얀 백로를 닮은 히메지성

화재를 피해 간 목조 성의 비밀

일본의 수도인 도쿄 서쪽에 있는 효고현에는 새하얀 모습을 자랑하는 성이 있어요. 히메지성은 15미터의 돌담 위에 세워진 높이 45미터의 하얀색 건물이 마치 백로처럼 보여서 백로성이라고도 부르지요. 히메지성은 나무로 지은 건물이에요. 하지만 불에 탈 위험이 있어서 벽과 기둥 등에 회반죽을 칠했어요. 회반죽은 불에 타지 않아서 화재를 예방할 수 있거든요. 덕분에 히메지성은 전쟁에서도 피해를 입지 않고 옛 모습을 유지하고 있답니다.

히메지성은 적으로부터 방어를 하기 위해 지은 성이에요. 성벽은 단단한 돌로 만들고 총을 쏠 수 있는 구멍을 냈어요. 또한 성벽을 기어오르는 적에게 돌과 뜨거운 물로 공격할 수 있는 장치도 설치되어 있지요. 무엇보다 성안으로 들어가도 중심 건물인 천수각으로 가려다가 길을 잃기 쉬워요.

"눈앞에 두고도 닿지 못하다니…… 천수각으로 통하는 길을 찾아라!"

천수각은 곧 닿을 것처럼 가까워 보이지만 구불구불한 좁은 길을 따라가며 여러 개의 문을 통과해야 했거든요. 천수각 꼭대기에서는 히메지 시내의 모습이 한눈에 내려다보여요.

히메지성에 전하는 으스스한 귀신 이야기

히메지성의 천수각에는 늙은 여우 요괴가 1년에 한 번씩 나타나 성의 우두머리인 성주에게 히메지성의 운명을 알려 주었다고 해요.
히메지성의 꼭대기 처마에는 상상의 동물 샤치호코가 장식되어 있어요. 호랑이의 얼굴에 몸통은 물고기의 모습이지요. 샤치호코는 건물에 불이 나면 입으로 물을 뿜는다고 해요. 그래서 성에 불이 나는 것을 샤치호코가 막아 주기를 바라는 마음으로 장식한 것이지요.

히메지성에는 우물이 여러 개 있었는데 그중 오키쿠 우물은 접시 세는 우물 귀신 이야기가 전해요. 성주의 집안에 보물로 내려오는 접시 10개가 있었어요. 그런데 여종 오키쿠를 마음에 두고 있던 부하가 거절당하자, 오키쿠가 접시 하나를 깼다며 누명을 씌웠어요. 그리고 죽인 다음 우물에 빠뜨렸지요. 그때부터 성에서는 밤마다 이상한 소리가 들렸어요.

"한 장, 두 장, 세 장……."

접시를 세는 여자 목소리였지요. 성주는 오키쿠가 억울하게 죽은 것을 알고 오키쿠의 혼을 신사로 모셨어요. 그러자 여자 목소리는 더 이상 나지 않았다고 해요.

왕의 대관식이 열리는 웨스트민스터 사원

오랫동안 영국 왕실의 궁전이었어요

영국의 수도인 런던을 가로지르는 템스강 옆에는 500년 가까이 왕실로 사용된 웨스트민스터 궁전이 있어요. 그런데 1529년, 화재로 건물 일부가 불타고 말았어요. 헨리 8세는 새로운 궁전을 지으라고 했고, 화이트홀이 새로운 왕궁이 되었답니다. 그때부터 웨스트민스터 궁전은 국회 의사당으로 사용되었어요. 하지만 1834년 또 화재가 나면서 대부분이 파괴되었어요. 이후 찰스 배리가 고딕 양식의 새로운 건물을 짓기 시작해 1860년에 완공되었지요.

웨스트민스터 궁전

웨스트민스터 궁전 중심에는 웨스트민스터 대성당이 있고, 남쪽에는 상원 의사당과 빅토리아 타워가 있고, 북쪽에 하원 의사당이 있지요.

영국은 왕이 있지만 나라의 중요한 일을 의회에서 결정하는 의회 민주주의를 채택하고 있어요. 의회에 모인 의원들이 다수결로 법이나 정치적인 일들을 결정하지요. 의회는 상원과 하원으로 나뉘는데 하원은 국민이 선거를 통해 직접 뽑기 때문에 더 강한 힘을 가지고 있어요.

런던의 상징인 거대한 시계탑 빅 벤

하원 의사당 옆에 있는 웨스트민스터 홀은 왕립 회의장이에요. 맨 처음 지어진 모습을 그대로 간직하고 있는 곳이에요. 성 마거릿 성당은 웨스트민스터 궁전과 사원 사이에 있어요. 11세기 중반 건립된 모습을 그대로 유지하고 있으며 오늘날에도 결혼식장으로 인기가 많아요. 웨스트민스터 사원은 궁전 서쪽에 있어요. 국가의 행사를 치르는 곳으로 왕과 여왕의 대관식이 열려요. 또한 헨리 7세와 엘리자베스 1세를 비롯해 셰익스피어, 뉴턴 등 영국의 대표 인물들이 잠들어 있는 곳이기도 해요.

웨스트민스터 궁전 북쪽에는 거대한 시계탑이 있어요. '빅 벤'이라고 부르는 시계탑의 정식 이름은 '엘리자베스 타워'예요. 빅 벤 안에는 14톤이나 되는 엄청나게 무거운 종이 있어요. 이 종을 설치하는 일을 벤자민 홀이 맡았는데, 벤자민의 이름을 따서 빅 벤이라는 이름이 붙었다고도 해요. 시계의 지름은 약 7미터나 되고, 분침은 4.3미터, 시침은 2.7미터 정도예요.

빅 벤은 지은 지 오래되어 2017년부터 수리에 들어가 4년 넘게 종을 울리지 않다가 2022년 엘리자베스 2세 여왕의 장례식 때 추모의 종을 울렸어요.

빅 벤은 일주일 동안 시간 오차가 1초도 되지 않을 정도로 정확해요.

동방 박사의 유물함을 모신 쾰른 대성당

600년 넘게 걸린 성당 건축

독일의 남서쪽에 있는 도시 쾰른에는 고딕 양식의 거대한 성당이 있어요. 고딕 양식은 12세기 유럽에서 생겨난 건축 양식이에요. 뾰족하게 솟은 첨탑이 특징이지요. 도시의 이름을 따 쾰른 대성당으로 불리지만 정식 이름은 성 베드로와 마리아 대성당이에요. 1248년부터 짓기 시작해 한동안 중단되었다가 완공이 된 건 1880년이었어요. 하늘을 찌를 듯한 두 개의 첨탑은 높이가 157미터이고 첨탑으로 오르는 계단은 500개가 넘어요.

성당 내부의 화려한 스테인드글라스 역시 볼거리예요.
1164년, 쾰른의 대주교는 이탈리아 밀라노에서 동방 박사★의 유해를 모셔 온 다음 화려한 성유물함을 만들었어요. 이 성유물함은 황금으로 세공된 가장 뛰어난 작품이라고 불려요.
"너무도 아름다운 성유물함이구나. 그렇다면 걸맞은 성당이 필요하겠어."
그렇게 크고 화려한 성유물함을 모시기 위해 쾰른 대성당을 짓기 시작한 거랍니다.

★**동방 박사** 예수가 태어났을 때 찾아가 경배하고 예물을 바친 세 명을 말해요.

피사의 두오모 광장과 위태로운 사탑

기울어진 채로 완공된 종탑

이탈리아 중부에 있는 피사는 로마 제국의 군사 기지였던 도시로, 지중해에서 무역을 하면서 크게 발전했어요. 피사는 사라센 제국★과의 전쟁에서 승리한 것을 기념하며 광장에 대성당과 세례당을 세웠어요. 두오모 광장과 대성당이 탄생한 것이지요. 이탈리아에서 두오모는 '대성당'이라는 뜻이에요.

피사의 두오모는 정면에 장식된 모자이크 작품과 아치형 조각들이 아름다움을 뽐내요. 실내는 벽화로 장식되어 있고 아치 형태의 기둥을 볼 수 있지요.

★**사라센 제국** 아라비아의 메디나를 중심으로 세워진 중세 이슬람 국가예요.

피사의 두오모 뒤에는 옆으로 기울어져 위태로워 보이는 탑이 있어요. 피사의 사탑은 피사 두오모의 종탑으로 1173년 탑을 세우기 시작했어요. 하지만 4층까지 올렸을 때 탑이 기울어졌다는 걸 발견했지요. 공사는 100년 동안이나 중단되었고, 1275년 균형을 맞추기 위해 설계를 변경했어요.
종탑은 7층으로 완성되었지만 기울기는 더 심해졌어요. 공사는 또 멈췄다가 66년 뒤에 시작되어 8층 꼭대기에 종을 달면서 1372년에 완공되었어요.
높이가 약 56미터인 피사의 사탑은 꼭대기까지 오르려면 나선형의 계단 294개를 올라야 하지요.

갈릴레이 덕분에 유명해진 피사의 사탑

피사의 사탑이 유명해진 건 갈릴레이의 이야기 때문이에요. 갈릴레이는 무거운 물체나 가벼운 물체 모두 떨어지는 속도가 같다고 주장했어요. 종탑이 기울어져 있으니 꼭대기에서 물체를 떨어뜨리는 실험을 하기에 적당했지요.

하지만 실제로 갈릴레이가 피사의 사탑에서 실험을 했는지는 확인되지 않아요. 갈릴레이의 제자가 갈릴레이의 전기를 쓰면서 내용을 과장해서 쓴 것이라는 의견이 많아요.

두모오 광장 서쪽에 있는 산 조반니 세례당 역시 아치형의 기둥과 섬세한 장식이 돋보이는 건물이에요. 이탈리아에서 가장 큰 세례당이지요. 지붕은 중앙이 볼록 튀어나온 돔 형태예요. 1153년 세례당을 지을 때는 피라미드 형태로 만들었는데, 완공까지 200여 년이 걸리면서 나중에 돔 형태로 바뀌었어요. 하얀 대리석이 돋보이며 로마네스크★ 양식과 고딕 양식이 혼합된 모습으로 예술적 가치가 높답니다.

★**로마네스크** 반원 아치를 특징으로 한 유럽의 건축 양식으로, 후에 고딕 양식으로 발전해요.

정교하고 독특한 가우디 건축물

가우디의 도시라 불리는 바르셀로나

유럽의 남서쪽에 있는 에스파냐의 바르셀로나에는 세계적인 건축가 가우디의 작품들이 많이 남아 있어요. 그중 사그라다 파밀리아 성당, 카사 비센스, 구엘 저택, 구엘 공원, 카사 바트요, 카사 밀라, 콜로니아 구엘 성당 7개가 유네스코 세계 문화유산에 등재되었어요.

가우디는 카사 비센스를 지으면서 유명해졌고 그로부터 얼마 뒤 구엘 백작을 만나게 되었어요. 구엘을 위한 구엘 저택과 구엘 공원 등을 지으면서 가우디는 자신이 하고 싶었던 것을 마음껏 펼칠 수 있었지요.

콜로니아 구엘 성당

카사 바트요

카사 밀라

구엘 공원

가우디의 건축물들은 마치 물결이 일렁이듯 부드러운 곡선으로 이루어져 있어요. 가우디는 산과 바다, 나무 등 자연에서 본 것을 건축에 적용했어요. 가우디는 타일이나 돌, 유리 조각을 이용해 건물에 화려한 모자이크 장식을 하기도 했어요. 그중 구엘 공원의 알록달록한 모자이크 벤치는 출렁이는 바다의 모습을 떠올리게 해요.

게다가 공원에 모인 빗물은 저장소에 보관했다가 분수대나 물이 필요한 곳에 쓰일 수 있도록 과학적으로 설계되었어요.

바르셀로나를 상징하는 사그라다 파밀리아 성당

사그라다 파밀리아 성당은 '성가족 대성당'이라고도 불러요. 가우디는 성당을 완공하는 데 200년이 걸릴 거라고 보았지만 1882년에 짓기 시작해서 2026년 완공을 앞두고 있어요. 2026년은 가우디가 죽은 지 100주년이 되는 해예요. 가우디는 죽기 전까지 성당을 짓는 일에 몰두했는데, 4분의 1 정도만 완성하고 숨을 거두고 말았어요. 사그라다 파밀리아 성당은 나라의 지원을 받지 않고 오직 개인의 기부로 짓고 있어요. 지금은 관람객들이 내는 입장료와 헌금을 공사 비용으로 쓰고 있지요.

사그라다 파밀리아 성당은 완공되면 가운데 첨탑의 길이가 약 172.5미터나 되어 세계에서 가장 높은 성당이 될 거예요. 성당의 탑은 멀리서 보면 작은 구멍이 나 있는 옥수수처럼 보이는데, 성당에서 친 종소리가 바르셀로나 시내에 울려 퍼질 수 있도록 이렇게 만들었어요. 안으로 들어가면 긴 가지 끝에 별이 반짝이는 듯한 모양이 천장에 가득해요.

성당의 출입구가 있는 쪽을 파사드라고 하는데, 사그라다 파밀리아 성당에는 그리스도의 이야기를 새긴 탄생, 수난, 영광 3개의 파사드가 유명해요. 또한 인물 조각상은 실제 사람을 본떠서 만들었다고 해요.

세계 유산 배움터

천재 건축가 가우디의 마지막 순간

1926년, 가우디가 여느 때처럼 성당 공사를 마치고 집으로 가던 중이었어요. 생각에 몰두하던 가우디는 차와 부딪치고 말았어요. 그런데 운전자는 가우디의 차림새를 보고 그냥 자리를 떠나 버렸어요. 해진 옷과 신발을 보고 노숙인이라고 생각했거든요. 가우디에게는 신분증도 없어서 한참 뒤 빈민 병원으로 옮겨졌어요. 택시도 가우디를 태우려고 하지 않았고 몇몇 병원에서도 그를 받으려고 하지 않았지요. 가우디가 깨어나서 신분을 밝히자 사람들은 깜짝 놀라며 다른 곳으로 옮기자고 했어요.

하지만 가우디는 거부하며 말했어요.

"나의 차림새를 보고 판단한 사람들에게 이곳에서 내가 죽었다는 것을 보여 주시오."

가우디는 장례를 조용히 치러 달라는 말을 남기고 74세의 나이로 눈을 감았어요. 하지만 그의 당부와는 달리 가우디의 장례식은 사그라다 파밀리아 성당에서 수많은 사람의 배웅을 받으며 치러졌답니다. 가우디는 사그라다 파밀리아 성당 지하 묘지에 잠들어 있어요.

세계 유산 놀이터

화려한 궁전과 미로와 같은 성, 가우디의 독특한 건축물까지 감탄을 자아내는 다양한 세계 문화유산을 만나 보았어요. 아래 그림을 살펴보고 알맞은 것끼리 연결해 보세요.

2017년부터 수리에 들어간 이것은 2022년 엘리자베스 2세 여왕의 장례식 때 추모의 종을 울렸어요.
1173년부터 탑을 세우기 시작했는데, 4층까지 올렸을 때 탑이 기울어졌다는 걸 발견했어요.
2026년에 완공을 앞둔 이 건물의 첨탑의 길이는 170미터가 넘어 세계에서 가장 높은 성당이 될 거예요.

세계 문화유산 중에는 주변 나라와 교류하며 발전해 간 지역도 있지만 전쟁으로 인해 슬프고도 끔찍한 기억이 남아 있는 장소도 있어요.

아시아와 유럽을 잇는 튀르키예의 이스탄불, 백제와 고구려의 영향을 받은 일본의 호류사, 흑인 최초로 독립을 이룬 아이티 공화국, 나치의 학살을 되새기는 아우슈비츠 강제 수용소까지 우리가 기억해야 할 중요한 세계 유산들을 둘러보아요.

다양한 교류와 역사의 상처

아시아와 유럽을 잇는 이스탄불 역사 지구

도시의 이름이 여러 번 바뀌었어요

이스탄불은 튀르키예의 최대 도시로 아시아와 유럽을 잇는 보스포루스 해협 남쪽에 있어요. 원래는 '비잔티움'이라는 도시였다가 로마의 황제 콘스탄티누스가 수도로 삼으면서 '콘스탄티노플'이 되었어요. 로마 제국은 크리스트교를 받아들여서 도시에는 많은 교회가 세워졌어요. 이후 오스만 제국에게 점령당해 도시의 이름은 '이스탄불'이 되었답니다.

오스만 제국은 아시아, 유럽, 아프리카 대륙에 걸쳐 넓은 땅을 차지한 강력한 나라였어요. 이스탄불로 수도를 옮기고 16세기에는 대제국으로 번성하였으나 제1차 세계 대전에 패배한 뒤 쇠퇴하였지요.
오스만 제국은 이슬람교를 믿었지만 사람들이 자유롭게 종교를 믿을 수 있도록 했어요. 그래서 이스탄불에는 이슬람교와 크리스트교가 뒤섞인 문화유산을 많이 볼 수 있지요.

이스탄불을 상징하는 성당과 모스크

이스탄불에는 비잔티움 제국 최고의 건축물이라고 불리는 성 소피아 대성당이 있어요. 원래는 크리스트교 교회였다가 이슬람 사원으로 사용되었어요. 그래서 내부의 천장에는 크리스트교 모자이크 그림이 있고, 벽에는 이슬람교의 경전인 쿠란이 새겨져 있지요. 또한 황금으로 장식한 대리석들이 거대한 돔 지붕을 받치고 있어요.

성 소피아 대성당은 하기아 소피아, 아야 소피아 등으로도 불려요.

성 소피아 대성당에서 조금 떨어진 곳에는 술탄 아흐메트 모스크가 있어요. 이스탄불에서 가장 높은 언덕에 있어서 눈에 잘 띄지요. 술탄은 이슬람 세계의 군주, 즉 왕을 뜻해요. 하늘을 찌를 듯한 6개의 첨탑은 술탄의 힘을 상징해요. 술탄 아흐메트 모스크는 실내를 푸른색 타일로 장식해서 '블루 모스크'라고도 부르는데, 벽면에 장식된 푸른색 타일은 2만 장이 넘어요. 그리고 200개가 넘는 스테인드글라스 창문이 나 있어 화려하게 빛나지요.

오랜 역사를 간직한 궁전과 시장

오스만 제국의 황제들이 머문 톱카피 궁전은 보스포루스 해협이 내려다보이는 언덕에 자리하고 있어요. 대포가 있었던 자리여서 '대포의 문'이라는 뜻의 '톱카피'라고 불렀어요. 오스만 제국 황제들은 약 400년 동안 톱카피 궁전에서 업무를 보고 사신을 접대했어요. 이스탄불은 아시아와 유럽 사이에 있어서 두 지역을 연결하는 다리와 같은 역할을 했거든요. 그래서 현재 박물관이 된 톱카피 궁전에는 중국 도자기를 많이 볼 수 있고, 진귀한 보석들이 많이 전시되어 있답니다.

또한 이스탄불은 아시아와 유럽의 물품을 사고파는 교역의 중심지여서 세계에서 가장 크고 오래된 시장이 있어요. 큰 시장이라는 뜻의 '그랜드 바자르'라고 부르는 이곳의 역사는 무려 600년이 넘어요. 시장 입구는 20곳이 넘고, 상점은 약 5,000곳이나 되어 시장 안으로 들어서면 미로처럼 느껴진답니다. 둥근 지붕이 덮힌 실내 시장으로 주로 금은 세공품과 보석, 가죽, 향신료, 도자기 등을 판매하고 있어요.

백제의 숨결을 느낄 수 있는 호류사

일본에 백제와 비슷한 절이 있다고요?

일본의 나라현에 있는 호류사는 세계에서 가장 오래된 목조 건축물이에요. 천황의 아들 쇼토쿠 태자가 607년에 세웠다고 전해요. 쇼토쿠 태자는 불교를 받아들이고 중국이나 우리나라에서 선진 문물을 받아들여 강한 나라를 만들기 위해 노력했어요. 그래서 일본인이 가장 사랑하는 왕자로도 불리며 1930년부터 지폐의 인물로 여러 번 사용되었지요.

670년, 호류사는 불에 타서 잿더미로 변했지만 708년경 다시 세워졌어요. 크게 동원과 서원으로 나뉘는데 서원에는 금당과 오층탑이 있고, 동원에는 몽전이 있어요. 금당은 절의 본당으로 본존상을 모신 곳이에요. 2층 건물이지만 지붕 기와만 보면 마치 3층처럼 보여요. 1층 지붕 위에 지붕을 덧대어서인데, 이런 이중 지붕 구조를 '상계'라고 해요. 일본에서는 불당이나 탑에서 종종 볼 수 있어요.

고구려의 승려가 일본 절에 그림을 그렸다고요?

호류사에는 아름다운 벽화와 미술품들이 많이 소장되어 있어요. 그중에서 일본의 국보로 지정된 나무로 만든 백제관음상은 백제 사람이 만든 것이에요. 그리고 금당 안에는 부처와 보살을 그린 벽화가 남아 있었어요. 호류사 금당 벽화는 중국의 윈강 석굴, 우리나라 경주의 석굴암 등과 함께 동양 3대 미술품으로 꼽히지요. 우리나라에서는 고구려의 승려 담징이 그렸다고 보고 있어요. 하지만 안타깝게도 금당 벽화는 1949년에 수리를 하던 중 화재로 불타고 말았어요. 현재는 사진으로만 남아 있지요.

우리나라는 삼국 시대에 불교를 받아들여 일본으로 불교문화를 전해 주었어요. 특히 백제의 성왕 때 백제의 기술자들과 승려 등이 일본으로 건너가 불교를 전파하고 기술을 알려 주었어요. 고구려의 영양왕 때는 승려 담징이 일본으로 가서 종이와 먹을 만드는 법과 그림을 알려 주었다고 해요. 이때를 아스카 시대라고 부르는데 불교를 받아들이면서 많은 절이 세워지고 학문과 사상들을 받아들였지요. 일본의 아스카 문화에는 백제나 고구려의 흔적이 많이 남아 있어요.

러시아 황제의 궁 크렘린과 붉은 광장

세계에서 가장 큰 나라의 황제는 어디서 지냈을까요?

세계에서 가장 넓은 러시아는 한반도의 북쪽 끝과 국경이 닿아 있어요. 북극과도 가까워서 아주 추운 나라이지요. 러시아의 수도는 서쪽에 있는 모스크바예요. 그곳은 882년 러시아 최초의 나라인 키예프 루시가 세워진 곳인데 러시아라는 이름은 '루시'에서 따온 것이에요.

키예프 루시가 몽골의 침략으로 약해졌을 때 모스크바 공국이 힘을 키워 16세기 중엽 점점 동쪽으로 영토를 넓혀 러시아 제국의 기틀을 다졌지요.

크렘린 궁전은 러시아의 황제가 머문 곳이에요. 크렘린은 '성채'라는 뜻이지요. 크렘린은 2킬로미터가 넘는 붉은 성벽으로 둘러싸여 있어요. 성벽 안에는 크렘린 대궁전을 비롯해 수많은 독특한 건물과 탑 등이 있어요. 그중 우스펜스키 대성당은 황제의 대관식이 열리던 중요한 곳으로 엄숙한 분위기를 자아내요. 성당 안의 벽과 지붕에는 아름다운 벽화가 가득 그려져 있지요. 또한 크렘린 무기고 박물관은 황실의 보물과 무기를 보관한 창고였는데 박물관으로 개방해 많은 관광객에게 인기 있어요.

크렘린 궁전

붉은 광장과 성 바실리 대성당

크렘린 궁전의 동쪽 성벽 아래에는 붉은 광장이 있어요. 15세기 말에 만들어졌는데 러시아어로 '아름다운 광장'이라는 뜻이에요. 원래는 상인들이 물건을 사고팔던 곳이었는데, 전쟁에 나가는 군인들이 행진을 하는 등 국가 행사가 많이 열렸어요. 붉은 광장은 강과 가까이 있어서 적의 공격을 받기 쉬웠어요. 그래서 공격에 대비해 주변의 건물들을 불태워서 광장을 더욱 넓게 만들었지요. 붉은 광장 주변으로 대통령이 머무는 관저와 박물관 등이 있고, 붉은 광장 아래에는 지도자 레닌의 묘가 있어요.

붉은 광장 남쪽에 있는 성 바실리 대성당은 러시아 정교회★의 가장 아름다운 건물로 유명해요. 이반 4세가 지은 이 성당은 전쟁의 승리를 축하하며 성모 마리아에게 바치기 위해 지었어요. 성 바실리 대성당은 비잔틴 건축으로, 지붕에 돔을 올리고 화려하게 장식한 것이 특징이에요. 지붕을 돔 모양으로 한 것은 눈이 쌓이지 않도록 하기 위해서인데, 신에게 기도하는 모습을 촛불로 표현한 것이기도 해요.

★**정교회** 크리스트교의 한 갈래로, 동유럽과 러시아에서 왕성해요.

성 바실리 대성당
물건을 팔아야 되는데 손님보다 군인이 더 많네.
전쟁에 대비한 훈련이 필요해.

세계 유산 배움터

100년 동안 전시된 레닌의 시신

레닌은 러시아의 혁명가이자 정치가예요. 러시아가 유럽 문화를 받아들이면서 나라는 발전해 갔지만 백성들의 삶은 어렵기만 했어요. 황실과 귀족들이 땅을 차지하고 있었기 때문이지요. 그러자 레닌은 사람들에게 모두가 똑같이 일하고, 일한 만큼 가질 수 있는 세상에 대해 이야기했어요. 그러자 레닌을 지지하는 사람들이 늘어났지요. 사람들은 거리로 쏟아져 나와 시위를 벌였고, 결국 황제가 물러났어요. 그리고 레닌은 '소비에트 사회주의 공화국 연방'을 세웠어요. 줄여서 '소련'이라고 불러요.

레닌은 1924년 1월 21일에 눈을 감았어요. 하지만 레닌은 죽은 뒤에도 마지막 모습 그대로 붉은 광장 아래에 누워 있어요. 레닌의 시신이 썩지 않도록 방부 처리를 해서 유리관에 넣어 전시하고 있기 때문이에요.

"내가 죽은 뒤 어머니 곁에 묻어 주시오."

레닌은 이렇게 유언을 남겼으나 다음으로 권력을 쥔 스탈린은 그를 신처럼 떠받들며 따르지 않았어요. 그만큼 레닌은 국민들에게 절대적인 지도자였거든요. 2024년, 레닌이 죽은 지 100주년이 되자 사람들은 이제 그를 땅에 묻어 주자고 했어요. 하지만 여전히 레닌은 붉은 광장 아래에 있어요.

나도
땅속에서
편하게 잠들고
싶다….

아이티 독립의 기념물, 국립 역사 공원

프랑스에서 독립한 공화국

아이티는 카리브해의 중앙에 있는 히스파니올라섬 서쪽에 있는 나라예요. 정식 이름은 아이티 공화국이지요. 아이티는 1492년 콜럼버스가 발견했어요. 전쟁과 전염병으로 원주민들이 모두 목숨을 잃자 아프리카의 노예들을 데려와 살게 했어요. 아이티는 에스파냐와 프랑스의 지배를 받다가 1804년 독립했어요. 백인들의 지배를 받고 있던 흑인들이 들고일어나 독립한 최초의 공화국이었지요.

아이티의 국립 역사 공원은 아이티 독립 선포를 기념하는 공원이에요. 이곳에는 상수시★ 궁전, 성과 요새인 시타델, 라미에르 등이 남아 있지요. 데살린 황제 때 지어진 시타델은 970미터 높이의 봉우리에 설치되었는데, 뛰어난 요새로 수천 명을 보호할 수 있었어요. 당시 아이티의 생생한 역사와 자유를 상징하는 가치를 인정받아 1982년에 유네스코 세계 문화유산으로 지정되었답니다.

★**상수시** 근심과 걱정이 없다는 뜻이에요.

천혜의 요새가 된 식민지 무역항 카르타헤나

에스파냐의 보물 창고가 된 도시

콜롬비아의 북쪽에 있는 카르타헤나는 카리브해 근처에 있어요. 에스파냐는 16세기에 잉카 제국을 멸망시키고 빼앗은 금, 은, 에메랄드와 같은 보물들을 자기 나라로 가져가려고 했어요. 그러려면 보물들을 잘 보관했다가 운반할 장소가 필요했는데, 바다와 맞닿은 콜롬비아의 카르타헤나는 최고의 장소였답니다. 1533년, 에스파냐는 이곳에 도시를 세우면서 에스파냐 남부 항구 도시인 '카르타헤나'의 이름을 붙였지요.

"튼튼한 요새를 지어 적의 공격을 막아라!"

에스파냐는 카르타헤나에 성벽과 여러 요새를 만들었어요. 단단한 방어막 안에서 도시는 더욱 발전해 갔지요. 궁전이나 정원, 수녀원, 교회 등이 지어지고, 건물들은 잘 보존되었어요. 도시는 계급별로 사는 곳이 나뉘었고, 노예들을 사고파는 시장도 있었어요.

식민지였던 콜롬비아는 여러 번 전쟁을 일으키며 에스파냐에 맞서 싸우다가 1819년에 주변 나라들과 함께 독립했어요. 아름다운 항구 도시 카르타헤나에는 여전히 에스파냐풍 건물이 곳곳에 남아 있답니다.

유대인 학살의 현장 아우슈비츠 수용소

나치 독일이 벌인 끔찍한 일

히틀러는 나치당을 이끌고 1933년에 독일의 총리가 되었어요. 그는 제1차 세계 대전에서 패한 독일 사람들을 듣기 좋은 말로 부추겼어요. 그러면서 독일에 살고 있던 유대인들의 투표권을 빼앗고 격리시켰지요. 히틀러는 유대인을 끔찍하게 싫어했거든요. 그는 이탈리아와 손을 잡고 폴란드를 공격하면서 제2차 세계 대전을 일으켰어요. 일본이 독일의 편에 섰고, 미국·영국·프랑스 등이 연합국으로 힘을 모았어요.

제2차 세계 대전은 독일과 일본의 항복으로 끝났지만 전쟁 중에 수많은 사람이 희생되었어요. 특히 히틀러는 강제 수용소를 만들어 수많은 유대인을 잡아 가두고 한꺼번에 목숨을 빼앗았어요. 가장 악명 높았던 곳이 아우슈비츠 수용소였지요. 유대인이라는 이유만으로 아무런 잘못이 없는 어린이와 노인들까지 잡아갔어요. 그리고 몸을 씻으라며 한곳에 모아 놓고 독가스를 살포하기도 했답니다. 또한 사람이 어떻게 죽음에 이르는지 상상할 수도 없는 끔찍한 생체 실험을 했답니다. 이렇게 목숨을 잃은 유대인들은 150만 명에 이른다고 해요.

나는
여전히 사람들이
선하다고
믿어요.
왜 우리를
미워하나요?
엄마, 집에 가자.

안네가 기록한 가슴 아픈 역사

폴란드의 남서쪽 도시 크라쿠프에는 시꺼먼 지붕의 기다란 건물들이 줄지어 있어요. 나치 독일의 강제 수용소인 아우슈비츠 수용소이지요. 건물에는 입구와 통풍구만 있을 뿐 창문도 없었어요. 수용소 주변에는 닿기만 해도 목숨을 잃는 고압 전류가 흐르는 철조망이 쳐 있었고 높은 감시탑에는 기관총이 설치되어 있었어요.

아우슈비츠 수용소는 전쟁이 끝날 무렵 독일이 불을 지르고 파괴했지만 전쟁이 끝난 뒤 폴란드에서 복원해 사람들에게 개방했어요. 얼마나 끔찍한 일들이 일어났는지 알고 반성하기 위해서이지요.

당시 독일의 모습은 유대인 소녀 안네 프랑크가 쓴 〈안네의 일기〉에 생생하게 담겨 있어요. 안네의 가족은 독일군을 피해 네덜란드의 암스테르담으로 갔어요. 네덜란드가 독일에 점령당하자 다시 은신처를 옮겼지만 결국 독일군에 붙잡혀 아우슈비츠로 끌려갔지요. 얼마 뒤 안네는 또 다른 수용소인 베르겐·벨젠으로 옮겨져서 열여섯 살의 나이로 목숨을 잃었어요. 하지만 혹독한 환경에도 희망을 잃지 않은 당당한 소녀였어요.

"주위의 아름다운 것들을 생각해. 그러면 행복해질 거야."

안네의 가족을 도왔던 동료는 일기를 보관했다가 수용소에서 나온 안네의 아버지에게 보냈고, 〈안네의 일기〉는 책으로 나올 수 있었답니다.

세계 유산 배움터

생체 실험이 이루어진 일본의 731부대

우리나라가 일본에 강제로 나라를 빼앗겼던 시기에 아우슈비츠와 비슷한 끔찍한 곳이 있었어요. 사람들을 대상으로 실험을 하고 목숨을 빼앗은 곳이지요. 그곳은 731부대라고 불러요. 731부대는 중국의 헤이룽장성 하얼빈에 있었어요.

그때만 해도 각 나라의 대표는 전쟁에서 사람들에게 너무 심각한 피해를 입히는 세균전을 금지하기로 했어요. 그러나 일본은 전쟁에서 세균전을 쓸 생각으로 731부대를 만들었지요.

731부대에서는 사람을 통나무라는 뜻의 '마루타'라고 부르며 생체 실험을 했어요. 하지만 전쟁이 막바지에 이르자 일본은 패할 것을 미리 알고 731부대의 모든 것을 파괴하고 수백 명이나 되는 실험자의 목숨을 빼앗았어요.

"자료도 마루타도 모두 불태워서 증거를 없애라!"

그런데 놀라운 것은 일본으로 돌아간 731부대의 일본인들이 끔찍한 실험 결과를 논문으로 써서 박사 학위를 받기도 했대요. 일본에서는 아직도 전쟁 중에 생체 실험을 했다는 사실은 인정하지 않고 있어요.

세계 유산 놀이터

세계 문화유산에 대해 살펴본 내용으로 보드게임을 해 보세요. 주사위를 던지고 나온 수만큼 말을 움직여요. '미션'을 해결하면 점수를 얻고, 해결을 못 하면 0점이에요. 도착점에 가서 점수를 더한 뒤 순위를 정해요.

준비물: 주사위, 말

출발 →

1 초성 퀴즈 ㅇ ㄴ ㅅ ㅋ 10점

2 유대인들이 바빌론에 쌓은 탑은? 3점

3 황금 점수 5점

14 세 칸 앞으로 가기 5점

15 백제의 숨결이 느껴지는 일본의 절은? 5점

16 네 칸 뒤로 가기 5점

17 황금 점수 10점

18 인도의 황제 샤자한이 아내를 위해 세운 것은? 10점

19 바르셀로나에는 세계적인 건축가 ○○○의 작품이 많아요. 5점

↑ 도착

4 초성 퀴즈
ㅍ ㄹ ㅁ ㄷ
5점

5 세계에서
가장 긴 성벽은?
10점

6 두 칸
뒤로 가기
3점

7 유네스코를
상징하는 로고가
된 신전은?
5점

8 황금 점수
10점

9 세계 문화유산
세 가지 말하기
100점

10 아야 소피아가
있는 튀르키예의
도시는?
10점

11 초성 퀴즈
ㅁ ㅊ ㅍ ㅊ
5점

12 레닌의 시신이
전시되어 있는
곳은?
10점

13 황금 점수
5점

세계 유산 놀이터 정답

▼66~67쪽

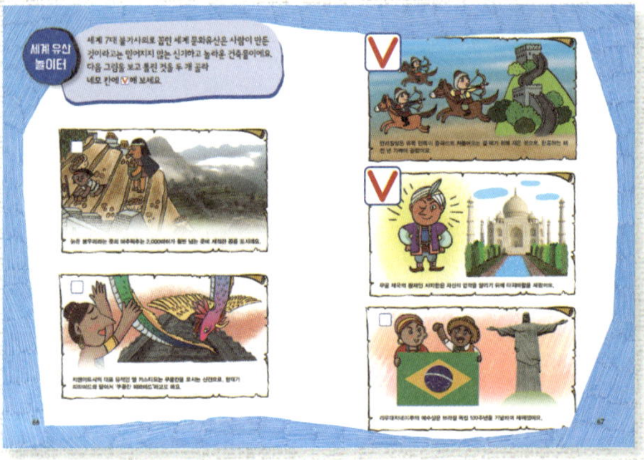

▼106~107쪽

▼144~145쪽

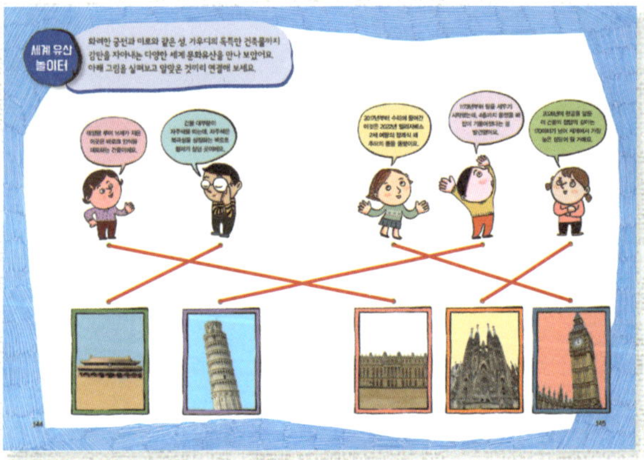

▼174~175쪽

1 유네스코 **2** 바벨탑 **4** 피라미드 **5** 만리장성 **7** 파르테논 신전 **10** 이스탄불 **11** 마추픽추 **12** 붉은 광장 **15** 호류사 **18** 타지마할 **19** 가우디